Colette Samson

Amis 2
et compagnie

Cahier
d'activités

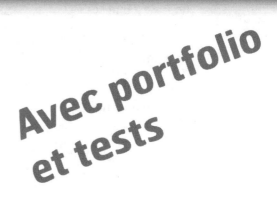

Avec portfolio et tests

CLE
INTERNATIONAL

www.cle-inter.com

C'est moi !

📖 *Livre pages 2-3*

1 **Vrai (V) ou faux (F) ? Si c'est faux, corrige !**

1 Léa a 12 ans. ☐ ....

2 Elle aime dessiner. ☐ ....

3 Max a 13 ans. ☐ ....

4 Il est le roi de la vidéo. ☐ ....

5 Théo a 14 ans. ☐ ....

6 Il aime beaucoup la musique. ☐ ....

7 Agathe a 15 ans. ☐ ....

8 Elle aime faire des photos. ☐ ....

2 **Lis et entoure l'intrus dans chaque phrase !**

1 Tu aimes la musique ? → Alors, tu as des CD – un baladeur –(un hamster)– une guitare ?

2 Tu aimes dessiner ? → Alors, tu as des crayons – des poissons – une gomme – des feutres ?

3 Tu aimes lire et écrire ? → Alors, tu as des livres – un cahier – un stylo – un vélo ?

4 Tu aimes les photos ? → Alors, tu as une souris – un appareil photo – un portable – un album ?

5 Tu aimes la mode ? → Alors, tu as des T-shirts – des pulls – un taille-crayon – un blouson ?

6 Tu aimes boire et manger ? → Alors, tu aimes les gâteaux – les bateaux – le chocolat – le coca ?

3 **Interroge ton voisin ou ta voisine, note les réponses puis écris sa « biographie » sur une feuille séparée, selon le modèle. Offre-lui ensuite sa « biographie » !** ☺

Tu as quel âge ?

....

Tu as un frère ? une sœur ?

....

Tu as un animal ?

....

Qu'est-ce que tu aimes boire ?

....

Qu'est-ce que tu aimes manger ?

....

Qu'est-ce que tu aimes faire ?

....

Quelle est ta matière préférée ?

....

Quelle est ta couleur préférée ?

....

Biographie de (prénom)

Il (elle) a ... ans. Il (elle) a ... frère(s)/sœur(s).
[Il (elle) est fils (fille) unique.]
Il (elle) a un(e) ... . [Il (elle) n'a pas d'animal.]
Il (elle) aime boire du (de la) ... .
Il (elle) aime manger du (de la, des) ... .
Il (elle) aime ... .

Sa matière préférée c'est le (la, les) ... .
Sa couleur préférée c'est le ... .

Biographe : (Signature)

Fait à ..., le ... 20...

1 Phonétique → L'accent de durée ['] et les groupes rythmiques : Entraîne-toi à lire *Livre page 4*
ces phrases ! Faire « durer » la dernière syllabe du groupe ! Plus tu parles vite, moins tu fais de pauses !

1 Je vou 'drais / regarder un 'film / à la té 'lé.// → Je voudrais regarder un film la té 'lé.//

2 'Moi, / je pré 'fère / surfer sur Inter 'net.// → Moi, je préfère surfer sur Inter 'net.//

3 'Lui, / il a 'dore / faire la cui 'sine.// → Lui, il adore faire la cui 'sine.//

4 Et 'elle, / elle dé 'teste / jouer aux 'cartes.// → Et elle, elle déteste jouer aux 'cartes.//

5 Je vais au co 'llège / en 'bus / ou en mé 'tro.// → Je vais au collège en bus ou en mé 'tro.//

6 Ma matière préfé 'rée / c'est la géogra 'phie.// → Ma matière préférée c'est la géogra 'phie.//

2 Complète les bulles !

| Non, je suis malade ! | Non, j'ai faim ! | Non, je suis fatiguée ! | Non, j'ai soif ! |

Tu as froid ?

Tu as chaud ?

Tu es triste ?

Tu es fâchée ?

3 Réponds avec *dois, peux, veux* ou *voudrais* !

1 Tu veux venir avec moi au cinéma ? – Désolée, je .... travailler !

2 Tu dois m'écouter ! – Non, je ne .... pas !

3 Tu veux manger du gâteau ? – Non, je .... de la glace, s'il te plaît !

4 Tu veux aller nager ? – Non, je ne .... pas, je suis malade !

5 Tu voudrais un chien ? – Non, je ne .... pas, je déteste les chiens !

6 Tu peux m'aider ? – Désolée, je .... partir !

C'est moi !

1 Voici Stella S., la super star de cinéma ! Regarde sa carte d'identité et réponds !

📖 *Livre page 5*

Carte d'Identité

Nom : S
Prénom : Stella
Date de naissance :
20 septembre 1984
Lieu de naissance :
Athènes - Grèce
Adresse : Palace Hôtel,
Bombay (Mumbay) - Inde
Yeux : marron   Cheveux : blonds

Où habite Stella ? *(nom de la ville)*
Elle habite ....

Où est née Stella ? *(nom de la ville)*
Elle est née ....

D'où vient Stella ? *(nom du pays où elle est née)*
Elle vient ....

Elle a quel âge ?
Elle a ....

2 Complète les informations sur la star avec le nom des pays, précédé de la bonne préposition !

l'Australie *(f.)*	le Brésil	la France	le Japon
le Mexique	les Philippines	l'Ouzbékistan *(m.)*	la Turquie

Stella aime faire des photos .... Elle aime danser ....

Elle boit du thé .... Elle joue au tennis ....

Elle aime faire du cheval .... Elle nage ....

Elle fait de la planche à voile .... Elle aime chanter ....

3 Remplis ta carte d'identité et complète !

J'habite ....

Je suis né(e) ....

Je viens ....

J'ai .... ans.

J'ai les yeux ....

J'ai les cheveux ....

Carte d'Identité
Nom : ....
Prénom : ....
Date de naissance : ....
Lieu de naissance : ....
Adresse : ....
Yeux : ....
Cheveux : ....

C'est moi !

1 Présente Jean Valjean : Il a quel âge ? Il est grand ? petit ? Il a faim ? froid ? Qu'est-ce qu'il veut ?

Livre pages 6-7

Jean Valjean a .... ans. Il est ....

Il .... Il veut ....

2 Écris ton blog ! Complète !

Nom du blog : .... **Pseudo :** .... **Date de création :** .... **Dernière mise à jour :** .... **Mes amis :** .... **Mes blogs ou liens préférés :**	Colle ici ta photo ou ton portrait. (Mais ne poste pas ta photo sur Internet !) Colle aussi une photo de ta ville (ou de ton pays). Colle la photo de membres de ta famille réelle ou imaginaire (et celle de ton animal familier réel ou imaginaire). Colle aussi des photos ou des images qui représentent ce que tu préfères : boissons, aliments, passe-temps, et couleur(s). Tu peux utiliser des images des fiches 1, 2, 4 ou 5 du guide pédagogique !	Je m'appelle .... J'habite à *(ville)* .... Je viens de (du, des) *(pays)* .... J'ai .... ans. Je suis fils (fille) unique (1). J'ai .... frère / .... sœur . J'ai un animal familier (1). C'est un(e) .... Mon collège (mon école, mon lycée) s'appelle .... Ma classe, c'est la .... Ma boisson préférée, c'est le, la .... Ma nourriture préférée, c'est (ce sont) le (la, les) .... Mon passe-temps préféré, c'est .... Mon jour préféré, c'est le .... Ma couleur préférée, c'est le ....

(1) Oui ? Non ?

[Ajouter un commentaire]   [... commentaires]

Posté le ...	Modifié le ...

C'est moi !

Portfolio

Fais le point !

(Tu peux demander son aide à ton professeur !)

	☹	😐	☺
A1 Comprendre : Écouter			
Je peux comprendre quelqu'un se présenter simplement (ville et pays d'origine, âge, famille, animaux).			
Je peux comprendre quelqu'un présenter ses goûts, son emploi du temps et ses activités préférées.			
Je peux comprendre des informations simples concernant la description physique de quelqu'un.			
Je peux comprendre quelqu'un exprimer un sentiment ou une sensation.			
A1 Comprendre : Lire			
Je peux lire et comprendre des informations simples sur quelqu'un : ville et pays d'origine, âge, famille, animaux.			
Je peux lire et comprendre des informations simples sur les goûts, l'emploi du temps et les activités préférées d'une personne.			
Je peux lire et comprendre des informations simples concernant la description physique de quelqu'un.			
Je peux lire et comprendre l'expression de sentiments et de sensations.			
A1 Parler : Prendre part à une conversation			
Je peux demander à quelqu'un où il habite et d'où il vient.			
Je peux m'excuser. *Pardon ! Désolé(e) !*			
A1 Parler : S'exprimer en continu			
Je peux me présenter, présenter ma famille, mes amis et mes animaux.			
Je peux parler de mes boissons et aliments préférés.			
Je peux parler de mon emploi du temps au collège (à l'école, au lycée).			
Je peux parler de mes passe-temps et de mes goûts.			
Je peux me décrire et décrire quelqu'un.			
Je peux parler de mes sentiments et de mes sensations.			
A1 Écrire			
Je peux écrire un petit message (courriel, carte postale, blog, etc.) utilisant des phrases simples concernant la famille, les amis, les animaux domestiques, les boissons, les aliments, l'emploi du temps, les passe-temps, les goûts et les sensations.			
A1 Compétences culturelles			
Je peux citer le nom d'un roman français, celui de son auteur et celui de son personnage principal.			
Je peux aussi...			

Tu connais ces mots en français ?

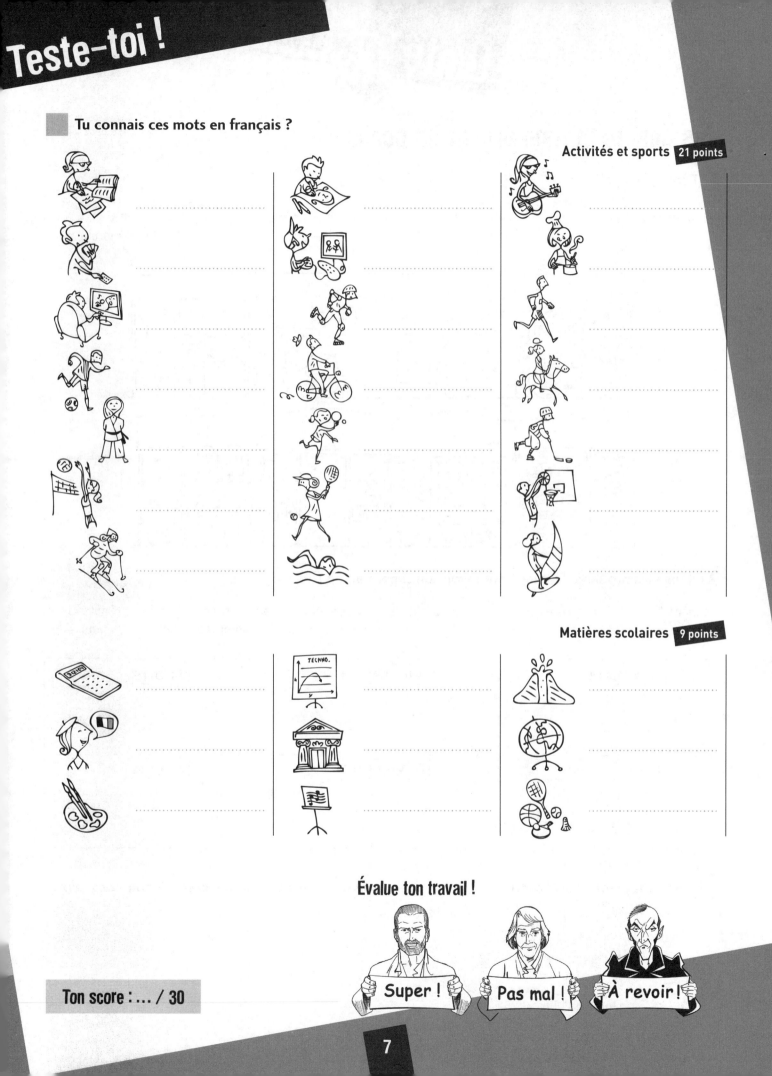

Activités et sports **21 points**

Matières scolaires **9 points**

Évalue ton travail !

Super !   Pas mal !   À revoir !

Ton score : ... / 30

Mes achats et mon argent de poche

📖 *Livre pages 10-11*

1 **Écris les mots !**

Boucherie	Boulangerie	~~Épicerie~~	Librairie
Pâtisserie	Pharmacie	Poissonnerie	Supermarché

Épicerie

2 **Range les produits dans les bons rayons du supermarché !**

bananes   beurre   céréales   coca   confiture   ~~croissants~~   eau   frites   fromage   gâteaux
glaces   jus d'orange   oranges   pains au chocolat   pizza   pommes   thé   yaourts

Boissons	**Pain-pâtisserie**	**FRUITS**
....	*croissants*	....
....	....	....
....	....	....
Produits laitiers	*Petit-déjeuner*	**Surgelés**
....	....	....
....	....	....
....	....	....

3 **Remets les mots dans l'ordre et complète avec *nouveau, nouvel, nouvelle, nouvelles* ou *nouveaux* !**

1 robe ! / ... / Regarde / ma /   → *Regarde ma nouvelle robe !*

2 les / coûtent / Combien / rollers ? /... / → ....

3 Je / ordinateur. / voudrais / ... / un /   → ....

4 ... / lunettes ? / as / tes / Tu /   → ....

5 centre / le / ... / commercial./ J'aime /   → ....

8

1 Relie les mots aux dessins !

📖 *Livre page 12*

Qu'est-ce qui va rester dans l'armoire ?

La chemise, ...

2 Les pronoms personnels COD (3ᵉ personne) → Regarde le modèle et complète !

1 Oh, les chaussures sont super ! → Je peux .... prendre ?

Oui, ... ! – Non, ... !

2 Oh, j'adore le pantalon ! → Je peux .... acheter ?

Oui, ... ! – Non, ... !

3 Phonétique : La liaison → Lis à voix haute !

Pour mon‿anniversaire, je vais inviter les‿amis de mon‿école. J'écris les‿invitations. J'en‿ai combien ? Deux‿invitations...
Trois‿invitations... Dix‿invitations ?

Ils‿aiment les‿oranges. Mais elles coûtent six‿euros ?! Je ne les‿achète pas : elles sont trop chères !

4 Lis la lettre. Ajoute le signe de la liaison (‿) ! Puis relis la lettre à voix haute !

> Bonjour ! Nous habitons en Australie. C'est un pays super ! Nous avons des amis : ce sont nos voisins.
>
> Le samedi, à deux heures, nous les invitons à manger : ils adorent les escargots ! Puis, à trois heures,
>
> avec les enfants, nous allons voir les animaux du zoo : on aime surtout les kangourous ! Aglaé

Mes achats et mon argent de poche

1 Lis les interviews et écris un prénom sous chaque portrait !

📖 *Livre page 13*

Mon argent de poche ? Mes grands-parents me donnent de l'argent pour mon anniversaire ou pour les fêtes. J'économise et puis j'achète des livres, des magazines, des CD : j'adore lire et écouter de la musique.
Simon

Mes parents ne me donnent pas beaucoup d'argent de poche : j'ai 10 euros par mois. Je n'ai pas de baladeur, alors je préfère économiser pour acheter une montre ou des lunettes, mais surtout pas de casquette !
Victor

Moi, mes parents me donnent 50 euros tous les mois. Je n'économise rien. Je n'achète jamais de CD, je n'aime pas trop la musique, mais j'achète des gadgets, des bonbons, des casquettes, des magazines : j'aime lire.
Émile

Lire ? Très peu pour moi ! À la maison, j'aime travailler dans le jardin en écoutant de la musique avec mon baladeur. En plus, mes parents me donnent de l'argent de poche pour ce travail, c'est génial !
Léo

2 Ces conseils s'adressent à qui ? Complète les bulles avec les prénoms !

........................., tu pourrais aussi acheter un baladeur !

........................., tu pourrais acheter des cadeaux à tes grands-parents !

........................., tu n'aimerais pas économiser ton argent de poche ?

........................., tu devrais lire un peu !

Regarde les modèles et donne un autre conseil à Simon, Victor, Émile ou Léo !

3 Lis le dialogue et complète les conjugaisons !

– Qu'est-ce que nous achetons pour tes amis ?
On achète un livre ?

– Toi, tu prends un livre, mais moi j'achète un CD.

– Nous ne prenons pas de DVD ?

– Non, on ne prend pas de DVD. Ils n'achètent jamais de DVD, ils prennent toujours des CD.

– D'accord, je prends un livre et toi tu achètes un CD.

acheter		prendre	
j'		je	
tu		tu	
il / elle / on		il / elle / on	
nous		nous	
vous *achetez*		vous *prenez*	
ils / elles		ils / elles	

Mes achats et mon argent de poche

1 Qu'est-ce qu'il y a dans le sac de Jean Valjean à la fin de la BD ?   📖 *Livre pages 14-15*

Dans le sac, il y a des .... d'argent.

2 Écris ton blog ! Coche les bonnes cases et complète !

Nom du blog :
....

Pseudo :
....

Date de création :
....

Dernière mise à jour :
....

Mes amis :
....
....
....
....

Mes blogs ou liens préférés :
....
....
....
....
....

Colle ici des photos ou des images de magasins.

Colle aussi des photos ou des images de vêtements et d'accessoires.

Ajoute des photos ou des images de boissons, d'aliments, de cadeaux, etc.

Tu peux utiliser des images des fiches 3, 4, 5 ou 6 du guide pédagogique !

Dans ma ville (mon quartier), il y a :
- ☐ une boucherie
- ☐ une boulangerie
- ☐ un centre commercial
- ☐ une épicerie
- ☐ une librairie
- ☐ un magasin de sport
- ☐ un marché
- ☐ une pâtisserie
- ☐ une pharmacie
- ☐ une poissonnerie
- ☐ un supermarché
- ☐ ....
- ☐ ....

Mon magasin préféré, c'est le (la)
....

J'ai de l'argent de poche. (1)
Avec mon argent de poche, j'achète (j'aimerais acheter) ....
....
Avec mon argent de poche, je vais (j'aimerais aller) ....
....

(1) Oui ? Non ?

[Ajouter un commentaire]   [... commentaires]

Posté le ...   Modifié le ...

Mes achats et mon argent de poche

	☹	😐	☺
A1 Comprendre : Écouter			
Je peux comprendre quelqu'un exprimer une demande, un souhait, un conseil. (*Je voudrais… J'aimerais… Tu devrais… Tu pourrais…*)			
Je peux comprendre quelqu'un demander le prix de quelque chose.			
Je peux comprendre quelqu'un dire le prix de quelque chose.			
Je peux comprendre quelqu'un exprimer la possession. (*C'est à moi !*)			
A1 Comprendre : Lire			
Je peux lire et comprendre l'expression d'une demande, d'un souhait, d'un conseil. (*Je voudrais… J'aimerais… Tu devrais… Tu pourrais…*)			
Je peux lire et comprendre des informations sur le prix et la possession de quelque chose.			
Je peux lire et comprendre des informations simples et des avis sur l'argent de poche et son utilisation.			
A1 Parler : Prendre part à une conversation			
Je peux demander poliment quelque chose à quelqu'un. (*Je voudrais… Tu pourrais… ?*)			
Je peux demander et dire combien coûte quelque chose.			
Je peux souhaiter quelque chose. (*Je voudrais… J'aimerais…*)			
Je peux donner un conseil. (*Tu devrais… Tu n'aimerais pas… ?*)			
A1 Parler : S'exprimer en continu			
Je peux parler des magasins et des commerces où je vais.			
Je peux me décider ou pas à acheter quelque chose. (*Je prends le pull. Non, je ne l'achète pas : c'est trop cher.*)			
Je peux parler de mon argent de poche et de la manière dont je l'utilise.			
A1 Écrire			
Je peux recopier sans erreur des phrases simples comportant des noms de magasins, de vêtements et d'accessoires.			
Je peux écrire un petit message (courriel, carte postale, blog, etc.) utilisant ces phrases.			
Je peux écrire des phrases simples comportant des demandes, des souhaits ou des conseils.			
A1 Compétences culturelles			
Je peux reconnaître les caractéristiques de certains commerces en France. Je peux faire une recherche sur les billets et les pièces en euro de la France, etc.			
Je peux aussi…			

Complète le dialogue ! `9 points`

– Bonjour ! .... coûtent les lunettes ?

– Elles .... 25 euros. C'est .... !

– Non, c'est trop .... !

– Vous .... prenez ?

– Non, je ne veux pas les ....

– Et ces lunettes à 10 euros ? C'est une .... ! .... - .... !

– D'accord !

Tu connais le nom de ces commerces, de ces vêtements et de ces accessoires en français ? Écris les noms avec *un, une* ou *des* ! `21 points`

Évalue ton travail !

Super !	Pas mal !	À revoir !

Ton score : ... / 30

Le jeu de l'oie des magasins

Règle du jeu : Prévoir un pion par joueur et un dé par équipe.

Départ : Les joueurs doivent faire un 6 pour partir faire leurs achats ! Puis chaque joueur lance le dé et avance son pion d'autant de cases qu'il a obtenu de points. En rejoignant une case « magasin », il doit dire – sous le contrôle des autres joueurs :

a) dans quel magasin il va : *Je vais* **à la** *boucherie ! Je vais* **au** *centre commercial !* etc.

b) ce qu'il voudrait acheter : *Je voudrais acheter un poulet ! J'aimerais acheter un baladeur !*

Sinon, il n'avance pas ! Le premier joueur arrivé à la « caisse » a gagné !

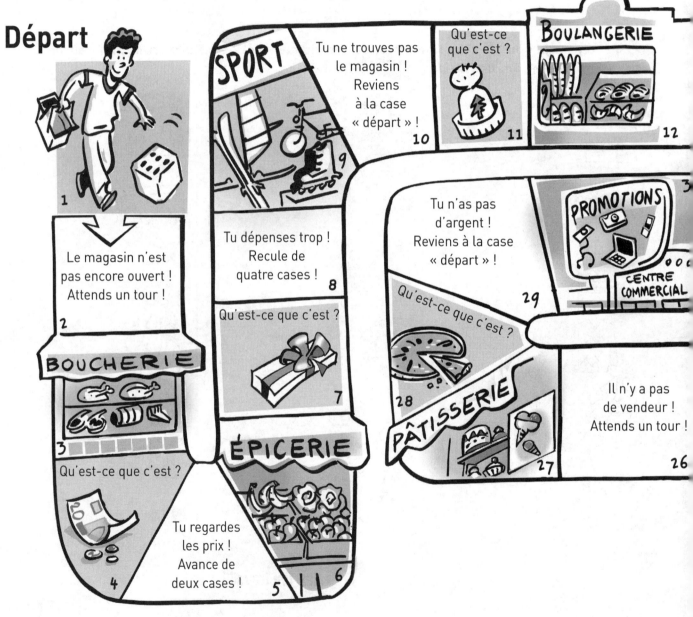

Ma recherche

Fais une recherche sur l'euro !

Retrouve l'histoire de l'euro et les noms des pays où il est actuellement utilisé.

Regarde les billets. Que penses-tu des symboles choisis : les ponts, les portes et les fenêtres ?

Regarde les pièces en euro de la France. Qu'y a-t-il sur les faces des pièces ? Dessine-les !

Tu peux trouver les images des pièces sur :

http://fr.wikipedia.org/wiki/Image:France_2006_circulating_coins.jpg

Tu peux trouver aussi beaucoup d'informations sur :

http://fr.wikipedia.org/wiki/Euro et http://fr.wikipedia.org/wiki/Zone_euro

Détermine aussi la valeur de l'euro par rapport à d'autres monnaies ou, si ce n'est pas l'euro, la valeur de la monnaie de ton pays par rapport à l'euro : tu peux par exemple aller sur le site http://www.xe.com/ucc/ !

Mon caractère

Livre pages 18-19

1 **Entoure les mots corrects !**

1 Amélie ? C'est une (grande)/ **grand** fille **roux** / **rousse**.

2 Mon chien ? C'est un **gentille** / **gentil** chien **noir** / **noire**.

3 Milady ? C'est une **méchant** / **méchante** femme **blond** / **blonde**.

4 Monsieur Lesec ? C'est un **petit** / **petite** homme **stressé** / **stressée**.

5 Nicolas ? C'est un garçon **brune** / **brun** et **fort** / **forte**.

6 Mon chat ? C'est un **gros** / **grosse** chat **grise** / **gris**.

2 **Trouve des noms de personnages de BD, des noms de stars de cinéma ou du sport, des noms de héros ou d'héroïnes, etc. ! Puis compare avec tes camarades !**

1 Il est gros et fort : C'est *Obélix* !

2 Elle est jolie et courageuse : C'est .... !

3 Il est méchant et intelligent : C'est .... !

4 Elle est triste et malheureuse : C'est .... !

5 Il est grand et fort : C'est .... !

6 Il est timide mais généreux : C'est .... !

7 Elle est .... : C'est .... !

8 Il est .... : C'est .... !

3 **Lis et associe !**

1 Je suis trop fatigué : ▶   ◀ Je vais être moins méchant !

2 Je ne suis pas assez bon en français : ▶   ◀ Je vais parler plus !

3 Je suis trop timide en classe : ▶   ◀ Je vais bouger moins !

4 Je ne suis pas assez gentil : ▶   ◀ Je vais dormir plus !

5 Je ne suis pas assez généreux : ▶   ◀ Je vais travailler plus !

6 Je suis trop nerveux : ▶   ◀ Je vais faire plus de cadeaux !

4 **Et toi ? Qu'est-ce que tu vas faire ? Choisis, puis compare avec tes voisins ou tes voisines !**

■ Lire plus ? Travailler plus ? Dormir plus ? Bouger plus ? Faire plus de sport ? Faire plus de vélo ? Voir plus tes amis ? Être plus fort en maths ? Être plus gentil avec ton frère / ta sœur ? etc.

→ *Je vais* ....

■ Regarder moins la télévision ? Manger moins de chips ? Jouer moins à des jeux vidéos ? Acheter moins de gadgets ? Être moins timide ? Être moins stressé ? Avoir moins peur des araignées ? etc.

→ *Je vais* ....

1 Le verbe *connaître* → Lis le dialogue et complète la conjugaison !

📖 *Livre page 20*

– Vous le connaissez ?

– Oui, nous le connaissons. Enfin, on le connaît un peu…

– Toi, tu le connais, mais moi, je ne le connais pas du tout !

Singulier	Pluriel
je	nous ....
tu	vous ....
il / elle / on	ils / elles *connaissent*

2 Lis, corrige et recopie !

Bonjour ! Je suis un courageux homme petit. Elle, c'est une grande sympathique femme. Et lui, c'est un intelligent enfant !

....

....

....

....

....

3 Phonétique : Les sons [ø], [y] et [i] → Lis les mots, puis écris-les dans la bonne colonne !

~~bleu~~   ~~jupe~~   idiot   têtu   pays   heureux   tortue   petit   yeux   timide   pull   peureux

[ø]	[y]	[i]
bleu	jupe	....
....	....	....
....	....	....
....	....	....

4 Complète avec les graphies des sons [ø], [y] et [i] ! Puis lis les phrases à voix haute !

1 C'est le pr...x de la j...pe ou du p...ll ?

2 Elle a des y.....x bl.....s et des chev.....x gr...s.

3 Ton pet...t chien est ...diot, têt... et paress.....x !

4 Les tort...es sont des an...maux t...m...des et p.....r...x.

5 Je suis h.....r...x de part...r avec mes am...s dans ce pa...s !

Mon caractère

📖 *Livre page 21*

1 Fred écrit au Docteur Médico. Complète les phrases avec *très* ou *beaucoup* !

Cher Docteur Médico,

Je fais .... de basket : je suis ....
grand, mais aussi .... maigre ! Pourtant, je mange
.... : j'aime .... les pizzas !
Je dors ...., mais je suis
fatigué, ... nerveux. Qu'est-ce que je peux faire ?
D'avance, merci .... pour vos conseils : je suis
.... malheureux !

Fred

2 Voici la réponse du docteur Médico. Complète avec *un peu, beaucoup, assez, trop, moins* (2x) ou *plus* (2x) !

Cher Fred,

Le sport, c'est super, mais tu peux faire aussi ....
de basket et .... de natation ou de vélo ! Tu dois
aussi manger .... de tout. Tu ne manges pas
...................................de fruits. Et ne mange pas ....
de pizzas ! Tu dors .... ? Tu peux dormir
.... et prendre ....de temps,
d'abord pour un bon petit déjeuner, et ensuite pour rire avec tes
amis. Bonne chance !

Docteur Médico

3 Va interviewer tes camarades !

Prénoms	Quel est le caractère que tu préfères ?	Quel est le caractère que tu détestes ?	Quel est ton caractère ?
....	....	....	....
....	....	....	....
....	....	....	....
....	....	....	....

calme – courageux – fort – généreux – gentil – heureux – hypocrite – idiot – intelligent – malheureux – méchant –
nerveux – paresseux – peureux – stressé – sympathique – têtu – timide – triste

Quel est le « caractère » préféré de la classe ? ....

Mon caractère

1 **Présente « Monsieur Madeleine » ! Il a quel âge ? Il habite où ? Il est comment (traits physiques, caractère) ?**

📖 *Livre pages 22-23*

> « Monsieur Madeleine » a .... ans. Il habite à ....
>
> Il est ....

2 **Écris ton blog ! Complète !**

Nom du blog :
....

Pseudo :
....

Date de création :
....

Dernière mise à jour :
....

Mes amis :
....
....
....
....

Mes blogs ou liens préférés :
....
....
....
....

Colle ici ta photo
ou ton portrait.
(Mais ne poste pas
ta photo sur Internet !)

Colle aussi la photo
ou le portrait d'un ami
(d'une amie) réel(le)
ou imaginaire…

…ou le portrait d'un
personnage historique,
d'un personnage de BD
ou d'une star.

C'est moi ! Je suis sympathique,
....,
....,
....,

et ....
....!

J'aime bien ....
....

Je voudrais être moins ....
....!

Je voudrais être plus ....
....!

C'est lui (elle) : ....!
Il (elle) est ....
....,
....,

et ....
....!

Il (elle) aime bien ....
....

[Ajouter un commentaire]   [… commentaires]

Posté le …   Modifié le …

Mon caractère

Fais le point !

(Tu peux demander son aide à ton professeur !)

	☹	😐	☺

A1 Comprendre : Écouter

Je peux comprendre des informations concernant la description physique et les traits de caractère d'une personne.			
Je peux comprendre comment un propos est structuré. (D'abord..., ensuite... et puis...)			
Je peux comprendre l'expression d'une action dans un futur proche. (Je vais... .)			

A1 Comprendre : Lire

Je peux lire et comprendre des informations concernant la description physique et les traits de caractère d'une personne.			
Je peux lire et comprendre comment un propos est structuré. (D'abord..., ensuite... et puis... .)			
Je peux lire et comprendre l'expression d'une action dans un futur proche. (Il (elle) va... .)			
Je peux lire et comprendre un test psychologique simple.			

A1 Parler : Prendre part à une conversation

Je peux demander à quelqu'un de se décrire.			
Je peux lui demander et donner des informations sur l'intensité d'un trait de son caractère ou d'une action. (Tu es très nerveux ? Tu dors assez ? Tu es trop gentil ! etc.)			

A1 Parler : S'exprimer en continu

Je peux parler de mon caractère et de celui de quelqu'un d'autre.			
Je peux définir l'intensité d'un trait de mon caractère ou d'une action avec un peu, assez, beaucoup, très, trop...			
Je peux parler d'une action dans un futur proche.			
Je peux structurer mon propos avec d'abord, ensuite, et puis...			

A1 Écrire

Je peux recopier sans erreur des mots ou des phrases simples concernant des traits physiques ou des traits de caractère.			
Je peux écrire un petit message (courriel, carte postale, blog, etc.) utilisant ces mots ou ces phrases.			

A1 Compétences culturelles

Je peux citer des personnages de l'histoire ou de la littérature françaises et définir leurs traits physiques et leurs traits de caractère.			

Je peux aussi...			

Explique ! `9 points`

Exemple : Il est nerveux = *Il est stressé, il bouge trop.*

1 Elle est fatiguée = ...

2 Il est malheureux = ...

3 Elle est intelligente = ...

4 Il est paresseux = ...

5 Elle est peureuse = ...

6 Il est généreux = ...

7 Elle est timide = ...

8 Il est courageux = ...

9 Elle est gentille = ...

Tu connais ces traits physiques ou ces traits de caractère en français ? `21 points`

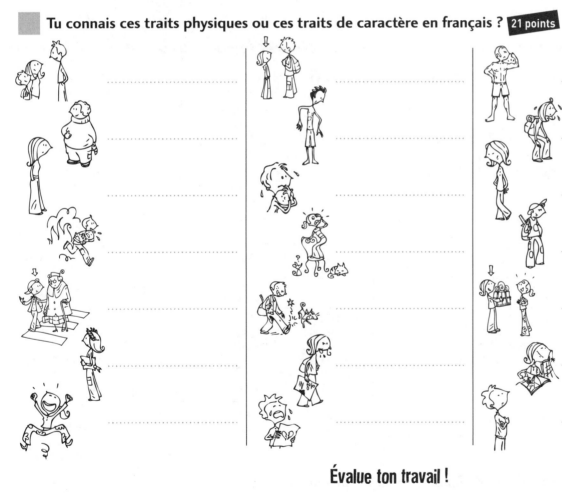

Évalue ton travail !

Super !   Pas mal !   À revoir !

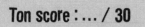

Ton score : ... / 30

Mon collège

Livre pages 28-29

1 **Écris et envoie un message à un(e) correspondant(e) !**

| l'anglais | la chimie | le dessin | le français | la géographie | l'histoire |
| les mathématiques | la musique | la physique | le sport | les sciences | la technologie |

De :
À :

Bonjour !

Je vais au collège (à l'école, au lycée) ....

Je suis dans la classe .... Je suis fort(e) en .... ,

bon(ne) en .... , mais je suis nul(le) en ....

Les élèves de ma classe sont nuls / sympathiques / super / géniaux !

Mes professeurs sont stricts / sympathiques / super / géniaux !

Voilà ce que je préfère dans mon collège (mon école, mon lycée) :

....

Et toi, quelle est ta matière préférée ?

Salut ! ....

2 **Relie les mots aux images !**

la cour de récréation					le hall
le gymnase					la salle des professeurs
la salle informatique					l'infirmerie
la cantine					le centre de documentation
la salle de sciences					la loge du concierge
le bureau du principal					la salle de français

3 **Qu'est-ce que tu es en train de faire au collège ? Imagine quatre situations !**

Exemple : Je suis **en train de** faire des expériences dans la salle de sciences !

1 ....

2 ....

3 ....

4 ....

1 Prépare la grille pour ton voisin ou ta voisine : complète les réponses, puis donne-lui la grille : il (elle) coche *vrai* ou *faux* !

📖 *Livre page 30*

> organise les élections des délégués – ouvre les portes du collège – organise des projets sur la santé – est le (la) directeur (trice) du collège – connaît bien sa matière – travaille au centre de documentation

	Vrai	Faux
Le (la) principal(e)	☐	☐
Le CPE[1]	☐	☐
La documentaliste	☐	☐
Le professeur de chimie	☐	☐
Le concierge	☐	☐
L'infirmière	☐	☐

2 Découvre le « mot secret » ✿ ! Puis recopie le texte !

Valentine a des ✿ notes et des ✿ professeurs : c'est une ✿ élève ; elle a aussi un ✿ caractère !

Valentine a des ....
....
....
.... !

3 Complète avec *à*, *de*, *d'* ou *en* !

1 Valentine est forte .... musique.

2 Elle voudrait apprendre .... jouer du piano.

3 Elle rêve .... être une grande pianiste.

4 Elle s'entraîne .... jouer tous les jours.

5 Elle est heureuse .... travailler.

6 Son professeur est fier .... Valentine !

4 L'écriture du son [k] → Souligne les graphies du [k] dans le texte et complète la grille !

Au collège, j'ai cinq matières préférées : la musique, les mathématiques, la physique, la chimie et la technologie ! À la cantine, je mange des kilos de bifteck !

On fait du hockey et du basket en Chine, au Kenya et au Qatar, mais aussi au Canada !

c	qu	k	q	ck	ch
....	....	....	....	bifteck	....

---

1. Le CPE : le conseiller principal d'éducation

Mon collège

1 Complète !

📖 *Livre page 31*

| il faut travailler | il faut du soleil | il faut de l'argent | il faut s'entraîner |

1 Pour faire de bonnes photos, ...

2 Pour acheter une maison, ...

3 Pour avoir de bonnes notes, ...

4 Pour être bon en sport, ...

2 Qu'est-ce qu'il faut être et qu'est-ce qu'il faut faire pour être un(e) bon(ne) élève ? Choisis à chaque fois les trois qualités les plus importantes pour toi et compare avec tes camarades !

> **Il faut être...**
>
> calme – courageux / euse – fort(e) – généreux / euse – gentil(le) – heureux / euse –
> hypocrite – intelligent(e) – stressé(e) – sympathique – têtu(e), etc.
>
> **Il faut aussi...**
>
> travailler – apprendre – comprendre – bien connaître les professeurs – bien comprendre les
> professeurs – s'entraîner – faire ses devoirs – savoir travailler avec des amis – savoir
> travailler toute seul(e) – aimer faire des recherches – organiser des projets – aimer lire –
> aimer écrire – aimer s'amuser – bien dormir – regarder la télé – surfer sur Internet, etc.

Il faut être...

1 ....

2 ....

3 ....

Il faut aussi...

1 ....

2 ....

3 ....

3 Conjugue les verbes *apprendre* et *comprendre* !

apprendre	comprendre
j'	je ....
tu	tu ....
il / elle / on	il / elle / on ....
nous	nous ....
vous	vous ....
ils / elles	ils / elles ....

> Facile ! Ils se conjuguent comme *prendre* !

4 Remets les mots dans l'ordre !

1 Comme / malheureuse ! / est / elle / → ....

2 joli ! / c'est / Comme / → ....

3 est / Comme / poupée / la / belle ! / → ....

4 heureux ! / je / Comme / suis / → ....

1 **Présente Cosette ! Elle a quel âge ? Elle habite où ? Elle est comment (traits physiques, caractère) ?**

Livre pages 32-33

Cosette a .... ans. Elle habite à ....

Elle est ....

2 **Écris ton blog ! Complète et coche les bonnes cases !**

Nom du blog :
....

Pseudo :
....

Date de création :
....

Dernière mise à jour :
....

Mes amis :
....
....
....
....

Mes blogs ou liens préférés :
....
....
....
....
....

Colle ici des photos de ton collège (école, lycée) ou dessine les lieux et les matières que tu aimes bien !

Tu peux aussi utiliser des images des fiches 9 ou 10 du guide pédagogique !

Voici le nom de mon collège (école, lycée) :
....

Voici le nom de ma classe :
....

Voici le nom du (de la) délégué(e) :
....

Voici le nom du (de la) directeur (trice) ou du (de la) principal(e) :
....

Voici le nom de mon professeur de français :
....

J'ai de bonnes notes en
....

et en ....

Dans mon collège (lycée), il y a
☐ une salle informatique
☐ un centre de documentation
☐ une cantine   ☐ un hall
☐ une infirmerie   ☐ un parc
☐ un gymnase   ☐ un magasin
☐ un stade   ☐ des clubs
☐ une piscine   ☐ un théâtre
☐ un(e) ....

Dans mon collège (lycée), il faut
plus de ....

.... ,

moins de ....

et un nouveau (une nouvelle)
.... !

[Ajouter un commentaire]   [... commentaires]

Posté le ...   Modifié le ...

Mon collège

Portfolio Fais le point !

	😞	😐	😊
A1 Comprendre : Écouter			
Je peux comprendre la description d'une action en cours. (*Il est en train de...*)			
Je peux comprendre l'expression d'une obligation ou d'une norme. (*Pour... , il faut...*)			
Je peux comprendre l'expression de l'étonnement. (*Comme... !*)			
A1 Comprendre : Lire			
Je peux lire et comprendre la description d'une action en cours. (*Il est en train de...*)			
Je peux lire et comprendre l'expression d'une obligation ou d'une norme. (*Pour... , il faut...*)			
Je peux lire et comprendre l'expression de l'étonnement. (*Comme... !*)			
Je peux lire et comprendre un dossier simple sur les délégués de classe, par exemple.			
A1 Parler : Prendre part à une conversation			
Je peux demander à quelqu'un de décrire une action en cours. (*Qu'est-ce que tu es en train de faire ?*)			
Je peux décrire une action en cours. (*Je suis en train de...*)			
Je peux exprimer l'étonnement. (*Comme... !*)			
A1 Parler : S'exprimer en continu			
Je peux exprimer une obligation ou une norme. (*Pour..., il faut...*)			
Je peux parler de mon collège et des adultes qui y travaillent.			
Je peux parler des qualités d'un bon délégué de classe ou d'un bon élève.			
Je peux « préparer un conseil de classe ».			
A1 Écrire			
Je peux recopier sans erreur des mots ou des phrases simples concernant mon collège et les personnes qui y travaillent.			
Je peux écrire un petit message (courriel, carte postale, blog, etc.) utilisant ces mots ou ces phrases.			
A1 Compétences culturelles			
J'ai une idée de l'organisation d'un collège français (lieux, salles) et des personnes qui y travaillent.			
Je peux aussi...			

Le collège : lieux - Tu connais ces noms ? Écris-les avec *le, l'* ou *la* ! 9 points

Le collège : personnes - Tu connais ces noms ? Écris-les avec *le, l'* ou *la* ! 6 points

Le collège : matières et travail scolaire - Tu connais ces noms ? Écris-les avec *le, l', la* ou *les* ! 15 points

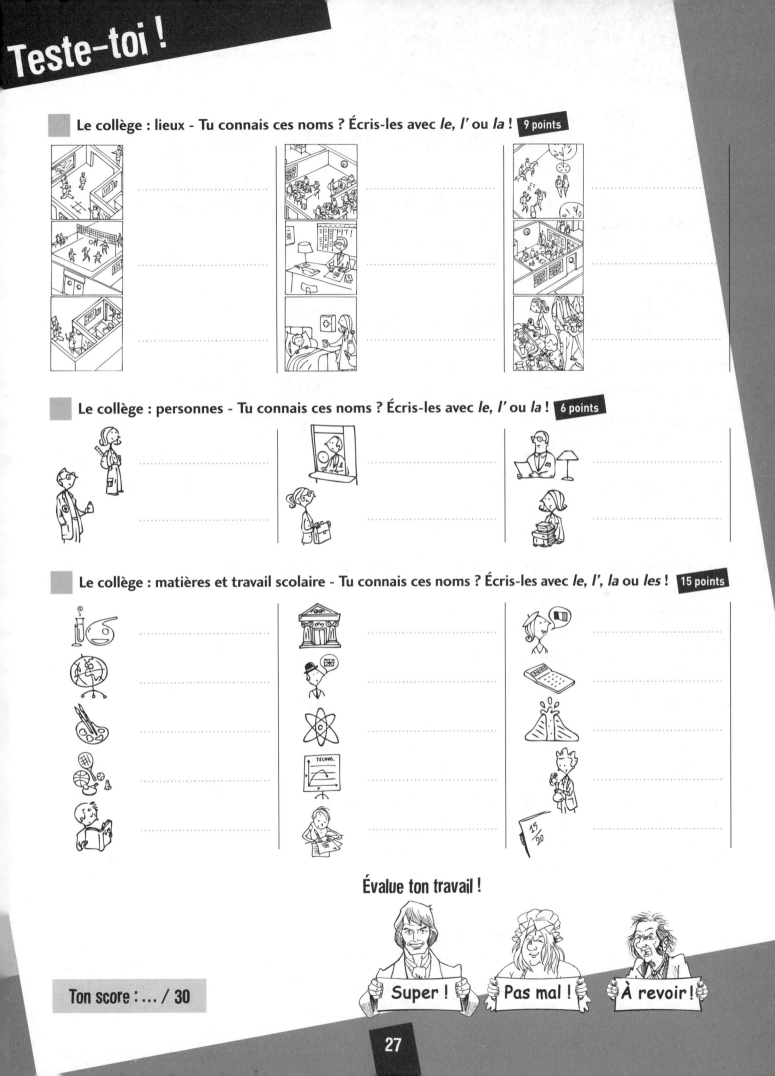

Évalue ton travail !

Super !   Pas mal !   À revoir !

Ton score : ... / 30

Grande fête au collège !

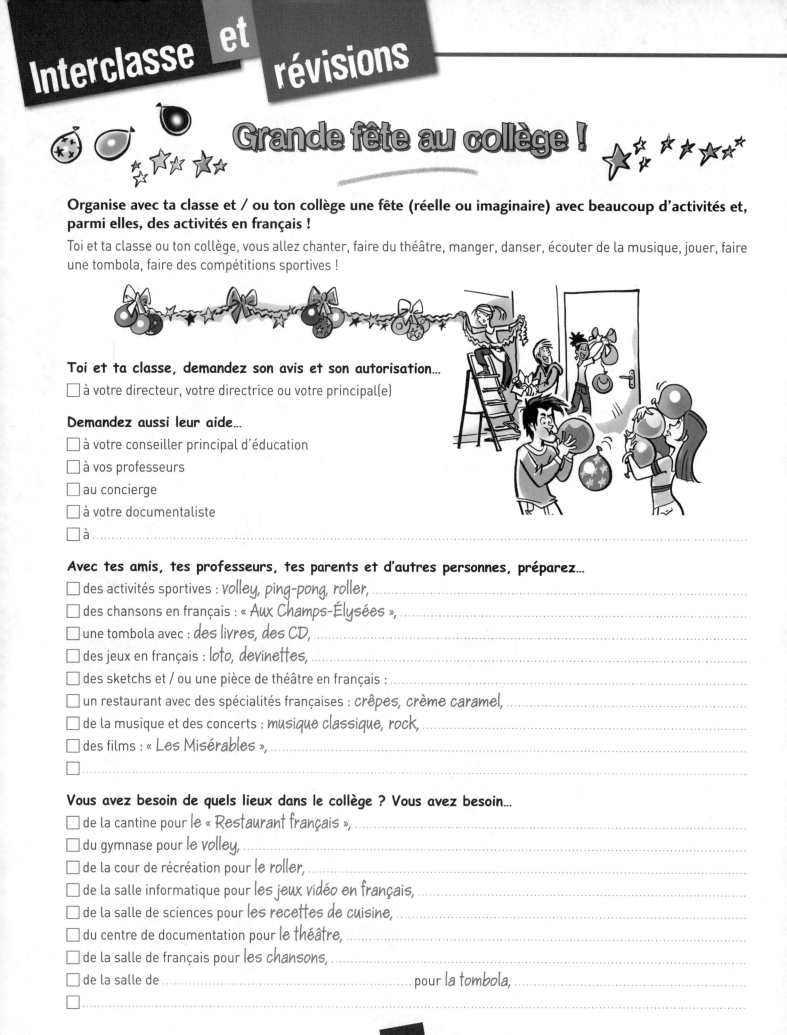

Organise avec ta classe et / ou ton collège une fête (réelle ou imaginaire) avec beaucoup d'activités et, parmi elles, des activités en français !

Toi et ta classe ou ton collège, vous allez chanter, faire du théâtre, manger, danser, écouter de la musique, jouer, faire une tombola, faire des compétitions sportives !

Toi et ta classe, demandez son avis et son autorisation...

☐ à votre directeur, votre directrice ou votre principal(e)

Demandez aussi leur aide...

☐ à votre conseiller principal d'éducation

☐ à vos professeurs

☐ au concierge

☐ à votre documentaliste

☐ à ....

Avec tes amis, tes professeurs, tes parents et d'autres personnes, préparez...

☐ des activités sportives : *volley, ping-pong, roller,* ....

☐ des chansons en français : « *Aux Champs-Élysées* », ...

☐ une tombola avec : *des livres, des CD,* ....

☐ des jeux en français : *loto, devinettes,* ....

☐ des sketchs et / ou une pièce de théâtre en français : ....

☐ un restaurant avec des spécialités françaises : *crêpes, crème caramel,* ....

☐ de la musique et des concerts : *musique classique, rock,* ....

☐ des films : « *Les Misérables* », ...

☐ ....

Vous avez besoin de quels lieux dans le collège ? Vous avez besoin...

☐ de la cantine pour *le « Restaurant français »,* ....

☐ du gymnase pour *le volley,* ....

☐ de la cour de récréation pour *le roller,* ....

☐ de la salle informatique pour *les jeux vidéo en français,* ....

☐ de la salle de sciences pour *les recettes de cuisine,* ....

☐ du centre de documentation pour *le théâtre,* ....

☐ de la salle de français pour *les chansons,* ....

☐ de la salle de .... pour *la tombola,* ....

☐ ....

Choisissez la date de la fête et préparez des affiches !

Activités sportives !

....
....
....
....
....

Lieu : ....
Horaires : ....

Chansons en français et karaoké !

Titres :

....
....
....
....
....

Lieu : ....
Horaires : ....

SKETCHS ET THÉÂTRE

Titres :

....
....
....
....

Lieu : ....
Horaires : ....

Grande Tombola !

Lots :

....
....
....
....

Lieu : ....
Horaires : ....

Restaurant français

Menu

....
....
....
....
....

Lieu : ....
Horaires : ....

Jeux

....
....
....
....

Lieu : ....
Horaires : ....

Concert

....
....
....
....

Lieu : ....
Horaires : ....

Films français

Titres :

....
....
....
....

Lieu : ....
Horaires : ....

....
....
....
....

Lieu : ....
Horaires : ....

Mes amis

📖 *Livre pages 36-37*

1 Complète les bulles !

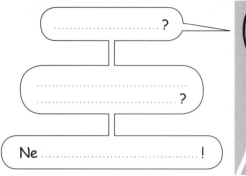

.... ?

.... ?

Ne .... !

Bonjour ! Je pourrais ....
Margot .... ?

C'est .... de Célia.

.... beaucoup !

2 Coche les questions correctes et corrige les autres !

1 Est-ce tu comprends l'exercice ? ☐ ....

2 Veux tu est-ce que venir avec nous ? ☐ ....

3 On peut se voir aujourd'hui ? ☐ ....

4 Pourquoi que tu es fâché ? ☐ ....

5 Est-ce qu'on peut se voir demain ? ☐ ....

6 Pose je trop de questions ? ☐ ....

3 *Pourquoi… ? Parce que… !* → **Réponds !**

1 Pourquoi tu ne viens pas au gymnase ? → *Parce que je ne veux pas faire de sport.*

2 Pourquoi tu ne veux pas aller à la cantine ? → ....

3 Pourquoi tu ne veux pas parler à Paul ? → ....

4 Pourquoi tu ne veux pas travailler avec Julie ? → ....

5 Pourquoi tu ne viens pas à la fête ? → ....

6 Pourquoi tu t'en vas ? → ....

4 L'écriture du son [s] → **Souligne les graphies du [s] dans le texte et complète la grille !** (Un mot sera écrit deux fois !)

Après les leçons de sciences, de physique et de français, on se voit à la piscine avec le professeur de sport pour un cours de natation. Attention ! Voici en promotion des chaussures de ski pour garçons paresseux. Combien ? Cinq ou six ? Non, dix !

s	ss	c	ç	t	sc	x
....	professeur	....	....	....	....	....
....	....	....	....	....	....	....
....	....	....	....	....		

1 **Traduis les SMS !** (Aide-toi du petit dictionnaire SMS !)   📖 *Livre page 38*

Exemple : slt, savabi1 ? = *Salut, ça va bien ?*

1 komen tu t'apL ? = ...

2 tu vi1 2m1 o 6néma ? = ...

3 C dak, j vi1 a Vlo. = ...

4 keske tu vE HT o magaz1 ? = ...

5 j ne pE ri1 DpenC. = ...

6 C l8 ? ilè vrMen nRvE é i2 ! = ...

2 **Écris en SMS !** (Aide-toi du petit dictionnaire SMS !)

1 Comment ça va ? = ...

2 Tu veux manger quoi ? = ...

3 Il est sympa. Et en plus il est beau ! = ...

4 J'ai une idée : on va faire la fête ! = ...

5 Pourquoi tu détestes danser ? = ...

6 Elle est énervée et stressée. = ...

3 **Complète avec** *à plus tard, à demain, à jeudi* **ou** *à bientôt* **!**

1 On se voit mercredi ? – Non, je ne peux pas : .... !

2 On se voit dans cinq ou six jours ? – D'accord, ... !

3 On est lundi. On se voit mardi ? – Bon, ... !

4 Il est 3 heures. On se voit à 5 heures ? – Oui, ... !

Petit dictionnaire SMS :

acheter :	HT	d'accord :	dak	j'ai :	G	quel :	kL
aime(s) :	M	danser :	danC	je :	j	qui :	ki
appel(les) :	apL	demain :	2m1	j'espère :	jSpR	quoi :	koi
au :	o	dépenser :	DpenC	plus :	+	rien :	ri1
aujourd'hui :	Ojourd'8	détester :	DtST	lui :	l8	salut :	slt
beau :	bo	écouter :	écouT	magasin :	magaz1	stressé :	strC
bien :	bi1	elle :	L	manger :	manG	sympa :	5pa
bientôt :	bi1to	énervé(e) :	NRV	nerveux :	nRvE	tu :	tu
bises :	bizz	et :	é	peux :	pE	tu es (t'es) :	T
bonjour :	bjr	faire :	fR	(à) plus tard :	a +	un, une :	1
ça va :	sava	fête :	fet	pourquoi :	pk	vélo :	Vlo
c'est :	C	hideux :	i2	quand :	qd	veux :	vE
cinéma :	6néma	idée :	ID	qu'est-ce que :	keske	viens :	vi1
comment :	komen	il est :	ilè	que :	ke	vraiment :	vrMen

Mes amis

📖 *Livre page 39*

1 Lis et associe !

1	Être libre, c'est ▶	◀ la fraternité.
2	Être comme frère et sœur, c'est ▶	◀ l'harmonie.
3	Se confier des secrets, c'est ▶	◀ la tolérance.
4	Être égaux, c'est ▶	◀ la liberté.
5	Se comprendre, c'est ▶	◀ l'égalité.
6	Accepter l'autre comme il (elle) est, c'est ▶	◀ la confiance.

2 Tu as besoin de quoi ?

Exemple : J'ai trop faim ! → *Tu as besoin de manger un sandwich.*

1 J'ai trop froid ! → ....

2 Je suis trop triste ! → ....

3 Je n'ai pas assez d'argent ! → ....

4 Je suis trop nul(le) en maths ! → ....

5 J'ai trop soif ! → ....

6 Je voudrais confier mes secrets ! → ....

3 Écris selon le modèle !

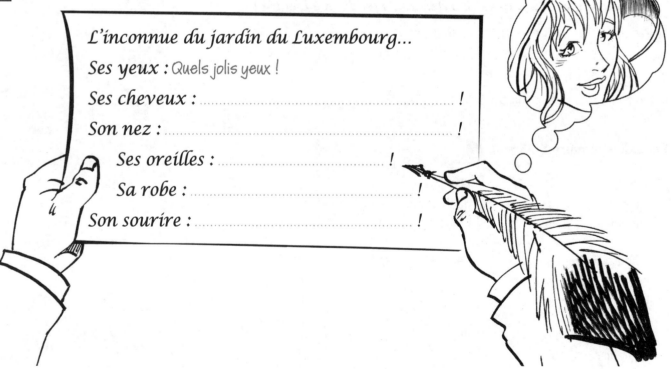

L'inconnue du jardin du Luxembourg...

Ses yeux : Quels jolis yeux !

Ses cheveux : .... !

Son nez : .... !

Ses oreilles : .... !

Sa robe : .... !

Son sourire : .... !

4 Complète !

Marius ? Il a de (beau) *beaux* cheveux, de (beau) .... yeux et un (beau) .... sourire : il a de (beau) .... dents (blanc) .... ! Il porte une (nouveau) .... veste et des (nouveau) .... bottes (noir) .... Quel (beau) .... homme !

1 Présente Marius ! Il a quel âge ? Il habite où ? Il est comment (traits physiques, caractère) ?

📖 *Livre pages 40-41*

Marius a .... ans. Il habite à ....

Il est ....

2 Écris ton blog ! Coche les bonnes cases et complète !

Nom du blog :

....

Pseudo :

....

Date de création :

....

Dernière mise à jour :

....

Mes amis :

....

....

....

....

Mes blogs ou liens préférés :

....

....

....

....

....

Colle ici les photos
de toi avec ton ami(e)
ou tes ami(e)s réel(le)s
ou imaginaires !
(Mais ne poste pas
tes photos sur Internet !)

☐ J'ai un(e) ami(e).

☐ J'ai beaucoup d'ami(e)s.

☐ Je n'ai pas d'ami(e)s.

☐ ....

Avec lui (elle, eux, elles),

☐ je parle du collège, des cours.

☐ je parle de ce que j'aime.

☐ je parle de mes problèmes.

☐ je joue à des jeux vidéo.

☐ je me promène.

☐ je fais du sport.

☐ je regarde la télé.

☐ je regarde des DVD.

☐ j'écoute de la musique.

☐ je vais dans des magasins.

☐ ....

☐ ....

Pour moi, l'amitié c'est

☐ la confiance   ☐ la liberté

☐ l'égalité   ☐ le respect

☐ la fraternité   ☐ la tolérance

☐ l'harmonie

☐ ....

☐ ....

[Ajouter un commentaire]   [... commentaires]

Posté le ...   Modifié le ...

Mes amis

(Tu peux demander son aide à ton professeur !)

	☹	😐	☺
A1 Comprendre : Écouter			
Je peux comprendre une conversation téléphonique simple.			
Je peux comprendre l'expression d'une cause. (*Pourquoi… ? Parce que…*)			
Je peux comprendre le fait d'apprécier quelque chose. (*Quel… !*)			
A1 Comprendre : Lire			
Je peux lire et comprendre l'expression d'une cause. (*Pourquoi… ? Parce que…*)			
Je peux lire et comprendre le fait d'apprécier quelque chose. (*Quel… !*)			
Je peux lire et comprendre une enquête simple sur l'amitié.			
A1 Parler : Prendre part à une conversation			
Je peux répondre au téléphone. (*Allô ? Oui ?*)			
Au téléphone, je peux demander à parler à quelqu'un. (*Je voudrais parler à… . Est-ce que … est là ? etc.*)			
Au téléphone, je peux m'informer sur l'identité de l'interlocuteur. (*C'est de la part de qui ?*)			
Au téléphone, je peux demander à quelqu'un de patienter. (*Ne quitte(z) pas.*)			
Je peux prendre congé. (*Merci. Au revoir ! À bientôt ! À demain ! À plus tard !* etc.)			
Je peux me renseigner sur la cause de quelque chose. (*Pourquoi… ?*)			
Je peux exprimer la cause. (*Parce que…*)			
Je peux exprimer le fait d'apprécier quelque chose. (*Quel… !*)			
A1 Parler : S'exprimer en continu			
Je peux expliquer ce que représentent mes amis ou ce que représente l'amitié pour moi.			
Je peux me confier à quelqu'un à l'aide de phrases simples.			
A1 Écrire			
Je peux recopier sans erreur des messages SMS (ou des « textos »).			
Je peux écrire un petit message (courriel, carte postale, blog, etc.) pour me confier à quelqu'un.			
A1 Compétences culturelles			
Je peux prendre part à une conversation téléphonique simple avec un(e) francophone et lui envoyer un message SMS (ou un « texto »).			
Je peux citer des amis célèbres de la BD ou de la littérature francophone.			
Je peux aussi…			

Teste-toi !

▨ Tu sais poser les questions correspondantes ? `12 points`

1 .... ?

Parce que j'ai soif.

2 .... ?

Parce que j'ai besoin d'argent.

3 .... ?

Parce que c'est mon ami(e).

4 .... ?

Parce qu'il est tard.

5 .... ?

C'est de la part de Juliette.

6 .... ?

Non, on se voit demain mardi.

▨ Écris le contraire ! `9 points`

1 grand   ≠ ....

2 calme   ≠ ....

3 hideux   ≠ ....

4 maigre   ≠ ....

5 malheureux ≠ ....

6 gentil   ≠ ....

7 peureux   ≠ ....

8 idiot   ≠ ....

9 bon marché ≠ ....

▨ Écris le féminin singulier ! `9 points`

1 beau   → ....

2 marron   → ....

3 bon   → ....

4 têtu   → ....

5 nouveau   → ....

6 blanc   → ....

7 gros   → ....

8 généreux   → ....

9 fort   → ....

Évalue ton travail !

Super !   Pas mal !   À revoir !

Ton score : ... / 30

Au secours !

📖 *Livre pages 44-45*

1 Relie les mots aux images !

un voleur

un médecin

un racketteur

un pompier

un forçat

un policier

2 Réponds avec *ne … jamais, ne … pas, ne … plus* ou *ne … rien* !

Exemple : Tu entends quelque chose ? → *Non, je n'entends rien.*

1 Tu es toujours en retard ? → ....

2 Tu as encore besoin d'argent ? → ....

3 Tu as des problèmes ? → ....

4 Il te manque quelque chose ? → ....

5 Tu as encore peur ? → ....

6 Tu appelles la police ? → ....

3 Les nombres (révision) → Regarde la famille Pickpocket : ils ont quel âge ?

 **6** **15**  **35**  **42**  **70** **80**

1 *La fille a six ans.*

2 *Le fils a* ....

3 ....

4 ....

5 ....

6 ....

📖 *Livre page 46*

1 L'impératif → Complète selon le modèle !

1 Tu arrives en retard. *N'arrive pas en retard !*

2 Tu écris sur les tables. .... !

3 Tu te moques de tes camarades. .... !

4 Tu ne fais pas tes devoirs. .... !

5 Tu n'obéis pas à tes professeurs. .... !

6 Tu te bagarres avec tes copains. .... !

2 L'écriture du son [ʒ] → Souligne les lettres devant lesquelles le *g* se prononce [ʒ] !

On mange du fromage, du nougat et des escargots au Japon, en Belgique ou au Portugal ?

En juin et en juillet, ici, il ne neige jamais, mais il y a des nuages et des orages !

Le concierge est fatigué : des élèves agressifs se bagarrent toujours dans le gymnase !

J'ai l'argent pour le projet de technologie : c'est génial, je vais en urgence en Uruguay !

Lis le texte à voix haute !

■ **Quelle autre lettre se prononce [ʒ] ?**

Entoure la bonne lettre : *j*   *l*   *k*

Dans quels mots apparaît cette lettre ? Donne 3 exemples :

....

■ **Comment se prononce le *g* devant les autres lettres ?**

Entoure le bon son : [k]   [g]   [ʃ]

Dans quels mots apparaît ce son ? Donne 3 exemples :

....

Donne une règle !

Le *g* se prononce [ʒ] devant les lettres ...., ... et ..... Il se prononce [...] devant les autres lettres.

3 Complète la conjugaison des verbes *finir, obéir* et *punir* ! (Ils sont tous les trois des verbes du 2ᵉ groupe, conjugués sur le même modèle.)

finir	obéir	punir
je finis	j'....................	je....................
tu....................	tu *obéis*	tu....................
il / elle / on....................	il / elle / on....................	il / elle / on *punit*
nous finissons	nous....................	nous....................
vous....................	vous....................	vous *punissez*
ils /elles....................	ils /elles *obéissent*	ils /elles....................

Au secours !

1 Les pronoms personnels COD → Complète avec *me*, *te*, *nous* (2x) et *vous* !

📖 Livre page 47

– Il .... regarde ! Il a un sourire méchant : il va .... agresser ?

– Bonjour ! Je .... connais !

– Vous ....connaissez ? Ah bon ? Vous n'êtes pas un racketteur ?

– .... racketter ? Ah, ah ! Je suis l'infirmier du collège ! Tu n'es plus malade ?

2 Écris les nombres en toutes lettres !

1 120 → ....

2 500 → ....

3 770 → ....

4 2 000 → ....

5 666 000 → ....

3 L'impératif et les pronoms COD → Regarde les exemples et transforme les phrases !

Exemples : Il faut m'écouter ! *Écoutez-moi !* - Il faut l'appeler ! *(le médecin) Appelez-le !*

1 Il faut nous aider ! ....!

2 Il faut le punir ! ....!

3 Il faut me comprendre ! ....!

4 Il faut l'appeler ! (*la police*) ....!

5 Il faut nous laisser ! ....!

6 Il faut l'arrêter ! (*le voleur*) ....!

4 Va interviewer tes camarades ! Remplis la grille en écrivant *oui*, *non* ou en complétant.

Tu es victime d'un racket ! Qu'est-ce que tu fais ?

Prénoms	J'appelle au secours !	Je discute avec le racketteur !	J'obéis au racketteur !	Je me bagarre avec le racketteur !	Je...
....	....	....	....	....	....
....	....	....	....	....	....
....	....	....	....	....	....
....	....	....	....	....	....

Quels sont les résultats du sondage ?

Au secours !

1 Décris le père et la mère Thénardier ! Ils sont comment (traits physiques, caractère) ?

📖 *Livre pages 48-49*

Le père Thénardier est ....

La mère Thénardier est ....

2 Écris ton blog ! Coche les bonnes cases et complète !

Nom du blog :

....

Pseudo :

....

Date de création :

....

Dernière mise à jour :

....

Mes amis :

....

....

....

....

Mes blogs ou liens préférés :

....

....

....

....

....

Colle ici des photos, dessins ou portraits de personnes qui peuvent aider à résoudre les problèmes au collège : médecins, infirmiers ou infirmières, pompiers, policiers, professeurs, conseillers d'éducation, élèves, parents, psychologues, etc.

Dans mon collège (mon école, mon lycée)

☐ il n'y a pas de problèmes.

☐ il y a quelques petits problèmes.

☐ il y a des problèmes de violence.

☐ Les élèves sont gentils et calmes.

☐ Des élèves écrivent sur les tables (ou sur les murs).

☐ Des élèves n'obéissent pas aux professeurs.

☐ Il y a des élèves agressifs.

☐ Ils agressent leurs camarades.

☐ Ils agressent les professeurs.

☐ Il y a des élèves violents.

☐ Ils se bagarrent dans le collège.

☐ Ils se bagarrent devant le collège.

☐ Il y a du racket dans le collège ou à la sortie du collège.

☐ ....

Le remède à la violence à l'école ou au collège ? C'est ....

....

.... !

[Ajouter un commentaire]   [... commentaires]

Posté le ...   Modifié le ...

Au secours !

Portfolio Fais le point !

(Tu peux demander son aide à ton professeur !)

	☹	😐	☺
A1 Comprendre : Écouter			
Je peux comprendre l'expression d'un besoin, d'une obligation ou d'une norme. (*J'ai besoin de... Il faut...*)			
Je peux comprendre quelqu'un exprimer un point de vue. (*Je suis d'accord. Je ne suis pas d'accord.*)			
Je peux comprendre quelqu'un exprimer une demande. (*Dépêche-toi ! Entrez ! Arrêtez-le ! etc.*)			
Je peux comprendre quelqu'un faire des reproches. (*Tu es toujours en retard. Tu n'écoutes jamais.*)			
A1 Comprendre : Lire			
Je peux lire et comprendre l'expression d'un besoin, d'une demande, d'une obligation ou d'une norme.			
Je peux lire et comprendre l'expression d'un point de vue ou de reproches.			
Je peux lire et comprendre un reportage simple sur la violence à l'école, par exemple.			
A1 Parler : Prendre part à une conversation			
Je peux exprimer un besoin, une obligation ou une norme.			
Je peux exprimer un point de vue.			
Je peux demander à quelqu'un de faire quelque chose.			
Je peux faire des reproches à quelqu'un.			
Je peux demander de l'aide. (*Au secours ! Aidez-moi ! Au voleur !*)			
A1 Parler : S'exprimer en continu			
Je peux expliquer à l'aide de phrases simples s'il y a des problèmes dans mon collège ou pas et, s'il y en a, de quelle nature ils sont.			
Je peux proposer à l'aide de phrases simples des remèdes à ces problèmes.			
A1 Écrire			
Je peux recopier sans erreur des mots ou des phrases simples concernant des problèmes au collège et leurs remèdes.			
Je peux écrire un petit message (courriel, carte postale, blog, etc.) utilisant ces mots ou ces phrases.			
A1 Compétences culturelles			
Je peux appeler des numéros d'urgence en France ou dans d'autres pays.			
Je peux repérer les services d'urgence en France (police, SAMU, etc.).			
Je peux aussi...			

Coche les nombres corrects et corrige les autres ! `12 points`

1 [20] vingt ☐ ....

2 [21] vingt-un ☐ ....

3 [42] quarante et deux ☐ ....

4 [80] quatre-vingts *(ans)* ☐ ....

5 [85] quatre-vingts-cinq ☐ ....

6 [100] cent ☐ ....

7 [200] deux cents ☐ ....

8 [250] deux cents cinquante ☐ ....

9 [300] trois cent ☐ ....

10 [1000] mille ☐ ....

11 [2 000] deux milles ☐ ....

12 [300 000] trois cent mille ☐ ....

Tu connais ces noms en français ? Écris les noms avec *un* ou *une* ! `9 points`

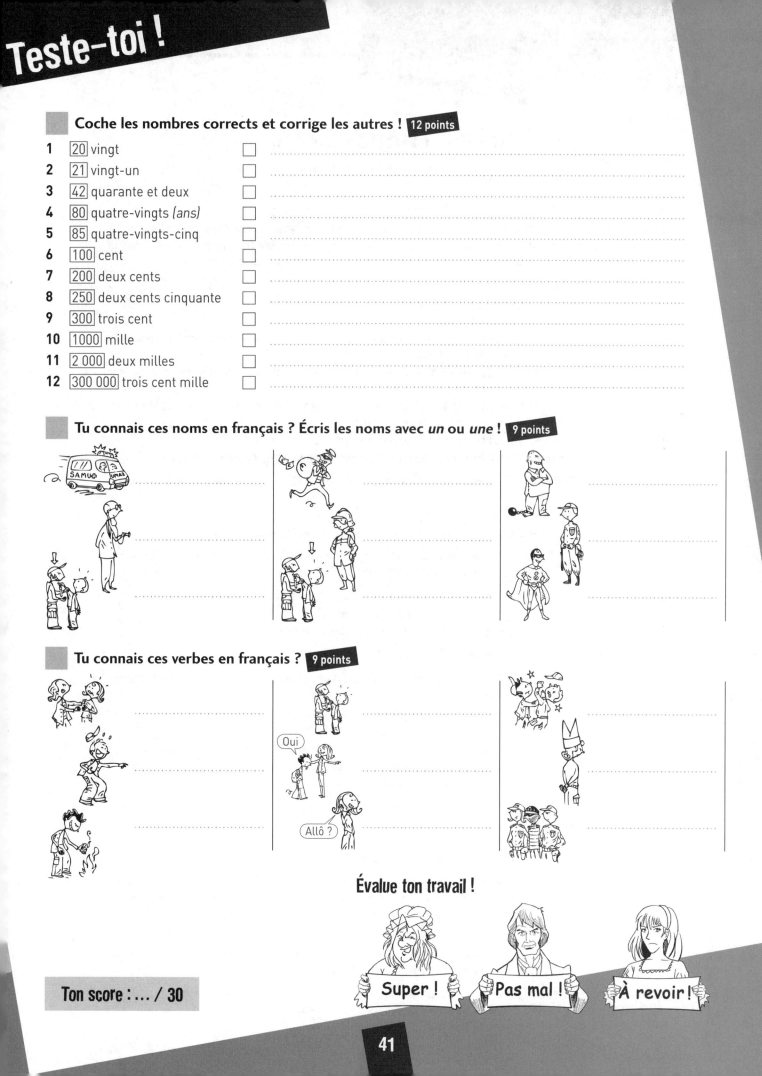

Tu connais ces verbes en français ? `9 points`

Évalue ton travail !

Super !   Pas mal !   À revoir !

Ton score : ... / 30

« Les Thénardier »

d'après « Les Misérables » de Victor Hugo

Scène 1 : Le père Thénardier, la mère Thénardier

Dans « la chambre » des Thénardier à Paris : une petite pièce sordide et misérable, meublée d'une vieille table, de chaises cassées et d'un lit défoncé. La mère Thénardier est assise sur le lit. Le père Thénardier est assis devant la table. Ils sont tous les deux très pauvrement vêtus. Ils sont de mauvaise humeur et se disputent.

LA MÈRE THÉNARDIER : J'ai froid !

LE PÈRE THÉNARDIER : Et moi, j'ai faim ! Il n'y a rien à manger ?

LA MÈRE THÉNARDIER : Non, il n'y a rien.

LE PÈRE THÉNARDIER (se lève) : Quelle misère ! Tu te souviens de notre auberge à Montfermeil ? Nous avions de l'argent ! Et puis il y avait cette Cosette…

LA MÈRE THÉNARDIER : Tu l'as vendue à cet homme, quinze cents francs… et puis tu as dépensé tout l'argent et nous avons dû fermer l'auberge !

LE PÈRE THÉNARDIER : Non, c'est ta faute ! Tu n'as pas assez travaillé… et maintenant nous vivons ici, à Paris, comme des misérables.

LA MÈRE THÉNARDIER : C'est ta faute à toi : tu bois trop et tu es un fainéant !

LE PÈRE THÉNARDIER : Ne discute pas ! Va-t'en et ramène du pain et de l'argent, sinon…

Le père Thénardier s'est avancé, très menaçant, vers la mère Thénardier : elle quitte la chambre aussi vite qu'elle le peut.

Scène 2 : La mère Thénardier, Jean Valjean (Monsieur Madeleine) et Cosette, passants.

Dans la rue. La mère Thénardier mendie près d'une porte. Elle a l'air pitoyable. Jean Valjean et Cosette arrivent et aperçoivent la mère Thénardier. Des passants vont et viennent.

LA MÈRE THÉNARDIER : Aidez-moi, messieurs dames ! Soyez généreux ! J'ai faim ! J'ai froid !

COSETTE : Père, tu vois cette pauvre femme ?

JEAN VALJEAN : Oui, allons la voir : nous pouvons peut-être l'aider ?

Jean Valjean et Cosette s'approchent de la mère Thénardier.

LA MÈRE THÉNARDIER : Aidez-moi, mon bon monsieur ! Aidez-moi, ma belle demoiselle ! Aidez ma famille !

JEAN VALJEAN : Oui, nous allons vous aider : donnez-moi votre adresse.

LA MÈRE THÉNARDIER : 52 boulevard de l'Hôpital, au dernier étage.

JEAN VALJEAN (note) : Très bien ! Nous venons vous voir demain !

LA MÈRE THÉNARDIER : Euh… vous ne me donnez pas d'argent maintenant ?

COSETTE (souriante) : Au revoir madame, à demain !

Cosette et Jean Valjean quittent la mère Thénardier avec un grand sourire. La mère Thénardier, elle, a l'air très déçu de ne pas avoir eu d'argent tout de suite…

Scène 3 : Marius, le père Thénardier, la mère Thénardier, Jean Valjean, Cosette.

On voit la chambre des Thénardier et, de l'autre côté d'une mince cloison, la chambre de Marius. En haut de cette cloison il y a un trou par lequel Marius pourra voir ce qui se passe chez les Thénardier. Les Thénardier, toujours de mauvaise humeur, attendent la visite de leurs bienfaiteurs. Marius, dans sa chambre, s'adresse au public : il est agité, passionné, bref, il est amoureux !

MARIUS : J'ai rencontré la plus belle des jeunes filles au jardin du Luxembourg… Je suis amoureux, mais… je ne sais pas où elle habite !

Jean Valjean et Cosette arrivent. Cosette porte un gros baluchon de vêtements. Jean Valjean frappe à la porte des Thénardier. La mère Thénardier se lève : elle a une attitude et une voix très serviles.

LA MÈRE THÉNARDIER : Oh, mon bon monsieur, ma belle demoiselle, c'est vous ? Entrez, entrez !

Jean Valjean et Cosette sont entrés dans la pièce. Cosette dépose le baluchon sur la table. Marius entend ce qui se passe à côté. Curieux, il monte sur une chaise et regarde par le trou de la cloison.

MARIUS : Elle ? Je rêve… ELLE est là ! Ah… ses yeux, son sourire…

COSETTE : Bonjour madame, bonjour monsieur ! Voilà des vêtements pour vous !

LE PÈRE THÉNARDIER : Merci, merci ! Vous êtes très généreux… Mais, euh… nous avons besoin d'argent… vous comprenez ?

JEAN VALJEAN : Oui, je vous comprends. Je reviens ce soir à 8 heures ! Au revoir !

Cosette et Jean Valjean s'en vont. Restés seuls, les Thénardier sont fous de joie et de méchanceté.

LE PÈRE THÉNARDIER : Ah, ah ! C'étaient Cosette et son « père » : ils ne nous ont pas reconnus. Préparons-nous pour ce soir ! Je vais chercher des amis…

Le père Thénardier sort de la chambre avec précaution, il regarde à droite et à gauche et s'en va. Marius a tout vu, il est très inquiet.

MARIUS : Ils préparent un guet-apens, c'est sûr ! Vite, il faut arrêter ces bandits ! Je vais chercher de l'aide, je vais appeler la police !

Marius se précipite hors de sa chambre.

Scène 4 : Marius, le père Thénardier, la mère Thénardier, Jean Valjean, le commissaire Javert, quatre bandits, six policiers.

Dans la chambre des Thénardier. En plus des Thénardier, quatre bandits à la mine patibulaire ont pris place dans la petite chambre. Ils sont armés : l'un d'un crochet, l'autre d'une corde, le troisième d'un énorme marteau et le quatrième d'une barre de fer. Marius revient précipitamment dans sa chambre et reprend son poste d'observation par le trou de la cloison.

LE PÈRE THÉNARDIER : Tout est prêt ! Nous pouvons l'attendre, ah, ah !

MARIUS (inquiet) : Il est bientôt 8 heures…

Jean Valjean entre dans la pièce. Les quatre bandits se précipitent sur lui et le ligotent sur une chaise. Il se défend, il a l'air furieux, mais il n'appelle pas au secours. Le père Thénardier tend à Jean Valjean, ligoté sur sa chaise, une plume d'oie et pose une feuille de papier sur la table.

LE PÈRE THÉNARDIER : Ah, ah ! Maintenant, vous allez obéir ! Écrivez une lettre à votre « fille » !

Jean Valjean, ligoté, écrit – dans une position inconfortable – la lettre que lui dicte le père Thénardier avec une joie haineuse. La mère Thénardier et les bandits suivent la scène avec un plaisir mauvais. Marius observe toute la scène, complètement affolé.

LE PÈRE THÉNARDIER : « Ma chère Cosette ! J'ai besoin de toi : viens vite boulevard de l'Hôpital avec 200 000 francs ! »

MARIUS : ELLE s'appelle Cosette ! Mais, mais… ils vont l'enlever, c'est horrible !

Tout à coup, le commissaire Javert, suivi de policiers, surgit dans la pièce.

JAVERT : Police ! Arrêtez-les, TOUS !

Une véritable « mêlée » s'ensuit : deux policiers se précipitent sur les Thénardier, d'autres sur les quatre bandits. Marius suit tout cela de sa chambre et se réjouit. Jean Valjean en profite pour se libérer de ses liens et pour s'enfuir…

Cris de la mère Thénardier : Non, ne m'arrêtez pas, je suis une pauvre femme !

Cris du père Thénardier : Au secours ! Nous sommes des gens honnêtes !

Cris des bandits, de Javert et des policiers : Ah ! Non ! Arrêtez ces bandits ! Toi, viens ici ! etc.

Le commissaire Javert et ses policiers finissent par maîtriser les Thénardier et les quatre bandits.

JAVERT (perplexe) : Voilà ! Nous les tenons ! Mais… où est Jean Valjean ?

À suivre…

Mes paysages

📖 *Livre pages 54-55*

1 Relie les mots aux dessins !

| un arbre | une cascade | une forêt | une montagne | une prairie |

| une fleur | un jardin | un lac | une plante | un ruisseau |

2 Regarde l'exemple et écris ! Attention à la place et à l'accord des adjectifs !

Exemple : Tu vois l'écureuil ? *(roux)* → *Quel écureuil ? – Cet écureuil roux !*

1 Tu vois la plante ? *(sauvage)* → ....

2 Tu vois le bouquet ? *(joli)* → ....

3 Tu vois l'oiseau ? *(vert)* → ....

4 Tu vois les papillons ? *(orange)* → ....

5 Tu vois le jardin ? *(grand)* → ....

6 Tu vois les fleurs ? *(bleu)* → ....

7 Tu vois l'arbre ? *(beau)* → ....

8 Tu vois la rose ? *(blanc)* → ....

3 Complète par les « verbes sensoriels » : *entendre, goûter, sentir, toucher* et *voir* !

J'aime bien marcher dans la montagne. D'en haut, je peux 👁 .... le paysage et 👆 ....
le ciel ! Je peux 👄 .... à l'eau d'une cascade. Je peux aussi 👃 .... l'odeur de
la forêt et 👂 .... la petite musique des insectes dans les prairies. Au retour, j'aime bien 👁
.... le soleil se coucher derrière la montagne, 👂 .... la chanson d'un ruisseau
dans la vallée et 👃 .... le parfum des fleurs dans les jardins.

1 Remets d'abord les lettres des mots dans l'ordre, puis complète le texte avec ces mots !

📖 *Livre page 56*

dévioribetis	eusaixo	garénasie	ixamuna	neisstec
randij	rebras	sanpelt	tofêr	ucrulisée

Venez visiter le .... des plantes ! Il y a une petite .... qui abrite beaucoup d' ....

et protège la .... : des .... et des .... explorent

les herbes et les .... ; dans les .... se cachent des .... et des

....

2 Complète et envoie ce message à un(e) correspondant(e) !

De :
À :

Bonjour !

De ma fenêtre, je vois

☐ une (des) maison(s)   ☐ un (des) arbre(s)   ☐ une cascade

☐ un (des) magasin(s)   ☐ une forêt   ☐ un ruisseau

☐ un (des) bâtiment(s)   ☐ un parc   ☐ un fleuve

☐ un (des) mur(s)   ☐ un (des) jardin(s)   ☐ un (des) pont(s)

☐ une (des) rue(s)   ☐ une prairie   ☐ un lac

☐ un (des) chemin(s)   ☐ une (des) montagne(s)   ☐ la mer

☐ .... ☐ .... ☐ ....

Et toi, qu'est-ce que tu vois de ta fenêtre ?

Voici mon paysage préféré : ....

Parce que ....

Et toi, quel est ton paysage préféré ? Pourquoi ?

À bientôt ! ....

3 Complète la conjugaison des verbes *mettre* et *promettre* !

Mettre et promettre sont conjugués sur le même modèle !

mettre	promettre
je	je ....
tu mets	tu ....
il / elle / on	il / elle / on promet
nous mettons	nous ....
vous	vous ....
ils /elles	ils /elles promettent

Mes paysages

1 Regarde l'exemple et décris !

📖 *Livre page 57*

~~le premier~~ (la première)	le/la deuxième	le/la troisième	le/la quatrième
le/la cinquième	le/la sixième	le/la septième	le/la huitième

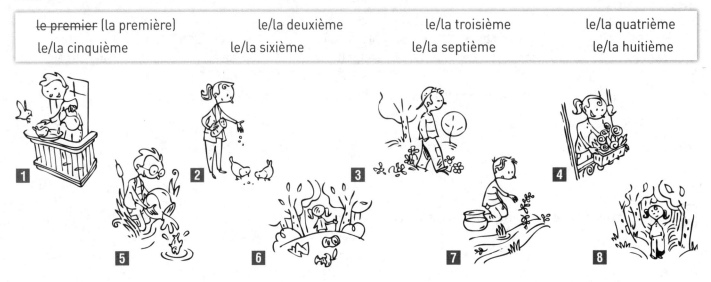

Exemple : 1 Le premier met de l'eau sur son balcon pour les oiseaux.

2 ....

3 ....

4 ....

5 ....

6 ....

7 ....

8 ....

2 Qui protège la biodiversité ? Le premier ? La deuxième ? etc. Pourquoi ?

....

....

....

3 L'écriture du son [z] → Souligne les graphies du [z] dans le texte et complète la grille !

Mon jardin n'est ni un désert ni un zoo. J'ai onze ou douze variétés de roses et quinze espèces d'oiseaux : je suis pour la biodiversité ! Et toi, tu préfères le deuxième ou le sixième « écogeste » ? - Moi ? le dixième : pas de poison pour les poissons !

s	z	x
....	....	*deuxième*
....	....	....
....	....	....
....	....	

1 **Recopie le poème de Marius à Cosette !**

📖 *Livre pages 58-59*

Je t'envoie ....

....

2 **Écris ton blog ! Coche les bonnes cases et complète !**

Nom du blog :

....

Pseudo :

....

Date de création :

....

Dernière mise à jour :

....

Mes amis :

....

....

....

Mes blogs ou liens préférés :

....

....

....

....

Colle une photo ou un dessin
de ta ville ou de ton village.

Colle une photo ou un dessin
de ta maison ou de ton
immeuble, de ton jardin,
de ton quartier.
(Mais ne poste pas
ces photos sur Internet !)

Colle aussi des photos ou
des images qui représentent
ce qui est important pour
toi : paix, richesse, santé,
protection de la nature, etc.

J'habite à

☐ à la ville.

☐ à la campagne.

☐ à la montagne.

☐ au bord de la mer.

☐ La nature, ça ne m'intéresse pas.

☐ Les animaux, ça ne m'intéresse pas.

☐ La nature et les animaux ne sont pas très menacés.

☐ Les « écogestes » ? C'est nul !

☐ La biodiversité n'est pas une priorité pour moi.

☐ Pour moi, la priorité c'est

....

☐ J'aime la nature.

☐ J'aime les animaux.

☐ La nature et les animaux sont très menacés.

☐ Il faut respecter la biodiversité.

☐ Les « écogestes », ça m'intéresse !

☐ Je fais déjà ces « écogestes » :

....

....

....

[Ajouter un commentaire]   [... commentaires]

Posté le ...   Modifié le ...

	☹	☺	☺
A2 Comprendre : Écouter			
Je peux comprendre une demande d'information. (*Quel bouquet ? Quelle jeune femme ?*)			
Je peux comprendre quelqu'un identifier quelqu'un ou quelque chose. (*Ce joli bouquet… Cette jolie jeune femme…*)			
Je peux comprendre une comparaison simple. (*C'est / tu es comme…*)			
Je peux comprendre des informations simples sur la protection de la nature.			
A2 Comprendre : Lire			
Je peux identifier une information pertinente dans un document ou un article.			
Je peux lire et comprendre un texte informatif court sur la protection de la nature.			
Je peux utiliser le sens général d'un texte court pour déduire du contexte le sens de mots inconnus.			
Je peux lire et comprendre une lettre personnelle courte et simple.			
A2 Parler : Prendre part à une conversation			
Je peux m'informer sur quelque chose ou quelqu'un. (*Quel… ?*)			
Je peux identifier quelque chose ou quelqu'un. (*C'est ce /cette…*)			
Je peux comparer. (*C'est / tu es comme…*)			
A2 Parler : S'exprimer en continu			
Je peux décrire en termes simples un paysage, celui que je vois de ma fenêtre, par exemple.			
Je peux parler en termes simples de ce que je fais ou pas pour la protection de la nature.			
Je peux expliquer simplement mon opinion concernant ce domaine.			
A2 Écrire			
Je peux écrire une note ou un message simple et court sur la protection de la nature.			
Je peux écrire une lettre personnelle courte et simple sur le paysage que je vois de ma fenêtre, par exemple.			
A2 Compétences culturelles			
Je peux citer les noms de quelques peintres français ou ayant vécu en France au XIXe siècle.			
Je peux reconnaître quelques tableaux réalisés par ces peintres.			
Je peux aussi…			

Tu connais ces noms en français ? Écris-les avec *un* ou *une* ! **30 points**

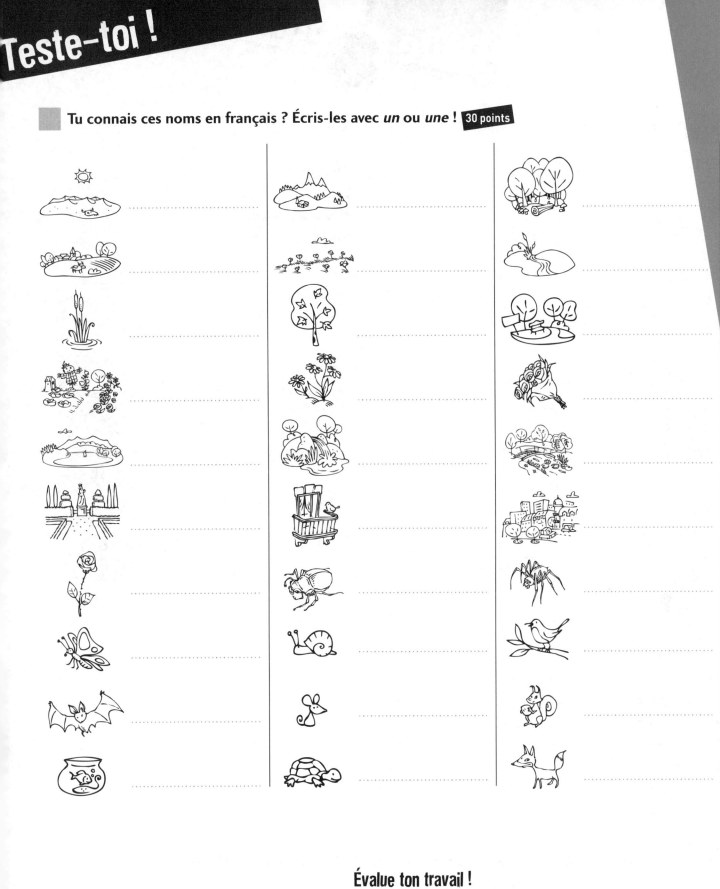

Évalue ton travail !

Super !   Pas mal !   À revoir !

Ton score : ... / 30

Mes sorties

📖 *Livre pages 62-63*

1 │ Interviewe tes camarades !

Prénoms

Trouve quelqu'un qui...

a envie d'aller au cinéma.

a envie de regarder un spectacle de cirque.

a envie de s'entraîner à la piscine.

a envie d'aller voir les animaux du zoo.

a envie de dépenser son argent au centre commercial.

a envie d'aller à la fête foraine.

a envie de voir une pièce de théâtre.

a envie d'écouter un concert.

a envie de voir un match au stade.

a envie de découvrir un musée.

2 │ Complète par *à*, *de* ou *d'* !

Exemple : Je rêve *d'*aller au théâtre !

1 Tu n'as pas besoin .... aller au cinéma tous les jours !

2 Vous avez envie .... sortir cet après-midi ?

3 Tu commences .... m'énerver.

4 Ils sont en train .... se préparer.

5 Nous avons peur .... arriver en retard.

6 J'aimerais apprendre .... être calme !

3 │ Lis et donne ton avis en utilisant *Pas moi ! Moi aussi ! Moi non plus* ou *Moi si !*

1 Je n'ai pas envie d'aller dans les centres commerciaux. – ....

2 Je préfère les petites boutiques. – ....

3 Je n'aime pas aller au cinéma. – ....

4 J'adore visiter les musées ! – ....

5 Le cirque, ça ne m'intéresse pas. – ....

6 Je déteste les zoos. – ....

1 **Lis les blogs de Lucie et de Julien et écris le bon prénom sous chaque agenda !**

📖 *Livre page 64*

Le lundi matin, j'ai une heure de musique et trois heures de français. Après le déjeuner, je travaille sur un projet de protection des animaux menacés avec mes copains et mon professeur de SVT. Le soir, je ne regarde jamais la télé, j'adore téléphoner à mes amis ou surfer sur Internet.
Lucie

Ma journée du lundi ? À 8 heures, j'ai deux heures de maths et à 10 heures, j'ai deux heures de sport. L'après-midi, je fais un film avec mes amis sur la biodiversité dans la ville : ça me plaît vraiment beaucoup. Et le soir, je fais mes devoirs, je joue à des jeux vidéo ou je regarde la télé.

Julien

1

Lundi

Matin :
quatre heures de cours

Après-midi :
club cinéma

Soir :
télé, jeux vidéo

....

2

Lundi

Matin :
4 heures de cours

Après-midi :
club nature

Soir :
téléphoner
à mes amis

....

2 **Qu'est-ce que tu fais toujours ? Souvent ? Quelquefois ? Qu'est-ce que tu ne fais jamais ?**

acheter des gadgets – faire des cadeaux – me confier à mes amis – écouter de la musique –
surfer sur Internet – dormir en classe – avoir de bonnes notes – parler français – jouer à des jeux vidéo –
aller au cinéma – faire du sport – faire du jogging – laisser des déchets dans la nature – m'énerver –
me bagarrer avec mes camarades – obéir à mes professeurs – arriver en retard, etc.

toujours
J'invite toujours mes amis à mon anniversaire !
....

souvent
....

quelquefois
....

ne ... jamais
....

3 **Regarde l'exemple et complète !**

Exemple : Aujourd'hui, on est mardi : le mardi matin, j'ai cours de physique. Mais ce matin, le professeur est malade.

1 Aujourd'hui, on est mercredi : le ...., je vais faire du sport. Mais
.... après-midi, je vais chez le médecin.

2 ...., ... vendredi : .... soir, j'aime bien regarder un
film à la télé. Mais ...., je vais au cinéma.

3 ...., ... : .... dimanche matin, je me réveille tard.
..................................., je me lève tôt !

Mes sorties

📖 *Livre page 65*

1 **Regarde les exemples et transforme les phrases en phrases « clivées » !**

Exemples : J'adore le collège ! → Le collège, j'adore !

Cette maison me plaît. → Cette maison, elle me plaît.

Je connais cette femme. → Cette femme, je la connais.

1 Je déteste les musées ! → ....

2 Cette histoire ne m'intéresse pas. → ....

3 Je connais ces élèves. → ....

4 Nous protégeons la nature. → ....

5 Ce garçon m'énerve. → ....

6 Il ne partage jamais ses secrets. → ....

2 **L'écriture du son [o] → Souligne les graphies du [o] dans le texte et complète la grille !**

Allô ? Tu es toujours à l'hôtel ? Mets tes bottes et ton manteau pour prendre le bateau : il ne fait pas trop

chaud ! On va bientôt au zoo pour voir les gros oiseaux jaunes et bleus d'Australie !

o	ô	....	....
....	....	....	....
....	....	....	....
....	....	....	....

3 **Maintenant complète avec les bonnes graphies du son [o] ! Puis lis les phrases à voix haute !**

1 Les *chev*.......*x* sont les plus *b*.........*x* de tous les *anim*.......*x* !

2 Il y a *b*..........*coup d'escarg*.......*ts* dans la prairie près de ce *ruiss*.........

3 Qu'est-ce que tu veux comme *cad*........ ? Des *ch*.......*ssures* ou un *nouv*........ *vél*........ ?

4 Le *fant*........*me* prend son *styl*........, il met son *chap*........ et part au *bur*........

5 Il *s*........*te* dans une ....*t*......., puis il tourne à *g*......*che* et fait une *ph*.......*t*........

6 Elle est à *l'h*......*pital* : elle a mal .... *d*......*s* et ......*x ép*......*les*.

4 **Lis le dialogue et complète la conjugaison !**

sortir
je ....
tu ....
il / elle / on ....
nous ....
vous ....
ils / elles ....

– Allô ? Vous sortez ce soir ?

– Oui, nous sortons. Tu ne sors pas avec nous ?

– Non, je ne sors pas ce soir, mes parents sortent, eux. Ils vont au cinéma et moi, je suis à la maison avec ma petite sœur...

– Ta petite sœur ? Elle dort, non ? Viens, on sort !

Mes sorties

1 Décris la « maison » de Gavroche !

Livre pages 66-67

....
....

2 Écris ton blog ! Coche les bonnes cases et complète !

Nom du blog :

....

Pseudo :

....

Date de création :

....

Dernière mise à jour :

....

Mes amis :

....
....
....
....

Mes blogs ou liens préférés :

....
....
....
....
....

Colle ici des photos
ou des images de lieux
de sortie où tu vas
ou des lieux où tu aimerais
bien aller !

Tu peux aussi utiliser
les images de la fiche 14
du guide pédagogique !

☐ Moi, je n'aime pas sortir.

☐ Moi, j'aime bien sortir.

J'ai souvent envie d'aller

☐ au centre commercial

☐ au cinéma

☐ au cirque

☐ au concert

☐ à la fête foraine

☐ au musée

☐ à la piscine

☐ au stade

☐ au théâtre

☐ au zoo

☐ ....

☐ ....

Mon jour de sortie préféré, c'est le

....

Je sors

☐ avec ma famille

☐ avec un(e) ami(e)

☐ avec mes ami(e)s

☐ ....

Voici ce que je fais ou ce que nous faisons :

....
....
....
....

[Ajouter un commentaire]   [... commentaires]

Posté le ...   Modifié le ...

Mes sorties

Portfolio — Fais le point !

(Tu peux demander son aide à ton professeur !)

	☹	😐	☺
A2 Comprendre : Écouter			
Je peux comprendre l'expression d'un accord ou d'un désaccord. (*D'accord ! Je suis pour ! Tu as raison. Moi aussi. Pas d'accord ! Je suis contre ! Tu as tort. Pas moi ! Tu exagères !* etc.)			
Je peux comprendre l'expression d'une envie ou un intérêt. (*J'ai envie de... Ça m'intéresse. Je trouve ça intéressant*, etc.)			
Je peux comprendre l'expression d'une absence d'envie ou d'intérêt. (*Je n'ai pas envie. Ça ne m'intéresse pas*, etc.)			
A2 Comprendre : Lire			
Je peux lire et comprendre l'expression d'un accord ou d'un désaccord.			
Je peux lire et comprendre l'expression d'une envie ou d'un intérêt (ou d'une absence d'envie ou d'intérêt).			
Je peux lire et comprendre un jeu-test simple sur les sorties et les loisirs.			
A2 Parler : Prendre part à une conversation			
Je peux demander à quelqu'un s'il est d'accord ou non. (*Tu es d'accord ? Tu es pour ? Ça te plaît ?* etc.)			
Je peux exprimer mon accord ou mon désaccord. (*Je suis d'accord. Ça me plaît. Je ne suis pas d'accord ! Je suis contre ! Tu as tort*, etc.)			
Je peux demander à quelqu'un s'il a envie de faire quelque chose. (*Tu as envie de ... ? Ça t'intéresse ?*, etc.)			
Je peux exprimer mon envie ou mon désintérêt. (*J'ai envie de.... Je trouve ça intéressant. Je n'ai pas envie. Ça ne m'intéresse pas*, etc.)			
Je peux remercier. (*Merci ! De rien !*)			
A2 Parler : S'exprimer en continu			
Je peux parler en termes simples de mes sorties, où je vais, avec qui et quand je sors.			
Je peux expliquer simplement mon opinion concernant ce domaine.			
A2 Écrire			
Je peux écrire une note ou un message court sur mes envies et mes intérêts.			
Je peux écrire une lettre personnelle courte et simple sur mes sorties préférées.			
A2 Compétences culturelles			
Je connais le nom d'une salle de concert, d'une fête foraine ou d'un théâtre à Paris.			
Je peux aussi...			

Teste-toi !

Écris le contraire ! `20 points`

1 Je suis pour ! ≠ ....

2 Je suis d'accord. ≠ ....

3 Ça me plaît. ≠ ....

4 Tu as raison. ≠ ....

5 Ça m'intéresse. ≠ ....

6 J'ai envie de sortir. ≠ ....

7 Moi aussi. ≠ ....

8 Il est toujours en retard. ≠ ....

9 C'est une idée géniale ! ≠ ....

10 Tu ne sais rien ? ≠ ....

Tu connais le nom de ces lieux de sorties en français ? Fais précéder les mots de *au* ou *à la* ! `10 points`

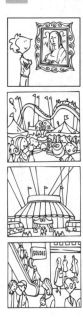

Évalue ton travail !

Super !! Pas mal ! À revoir !

Ton score : ... / 30

Des peintres en France au XIXᵉ siècle

1 **Regarde bien les reproductions ou les extraits des tableaux ! Qui les a peints ? Fais des recherches dans des encyclopédies ou sur Internet !**

Écris sous chaque tableau le nom du peintre, son titre et sa date (si tu l'as trouvée) !

Nom du peintre : ....

Titre : .... Date : ....

Nom du peintre : ....

Titre : .... Date : ....

Nom du peintre : ....

Titre : .... Date : ....

Nom du peintre : ....

Titre : .... Date : ....

2 Colorie les tableaux d'après les originaux ou imagine d'autres couleurs !

3 Renseigne maintenant les « cartes d'identité » des peintres et ajoute leur photo ou leur portrait !

Donne d'autres informations si tu le souhaites !

Carte d'identité

Nom : ....

Prénom : ....

Ville d'origine : ....

Année de naissance : ....

....

Carte d'identité

Nom : ....

Prénom : ....

Ville d'origine : ....

Année de naissance : ....

....

Carte d'identité

Nom : ....

Prénom : ....

Ville d'origine : ....

Année de naissance : ....

....

Carte d'identité

Nom : ....

Prénom : ....

Pays d'origine : ....

Année de naissance : ....

....

Mes recherches sur Internet

📖 *Livre pages 70-71*

1 Elle a l'air comment ? Regarde le modèle et écris !

calme	content	dangereux	fâché	inquiet	~~malheureux~~

Elle a l'air malheureuse.

....

....

....

....

....

....

2 Le passé composé → Transforme les phrases !

Exemple : Hier, nous (commencer) *avons commencé* une recherche sur la peinture française.

1 D'abord, nous (visiter) .... un musée.

2 Nous (rapporter) .... des cartes postales et des livres.

3 Après, nous (surfer) .... sur Internet.

4 Nous (trouver) .... des informations.

5 Ensuite, nous (regarder) .... un DVD sur la peinture en France.

6 Enfin, nous (travailler) .... au CDI.

3 La négation du passé composé → Réponds *non* à toutes les questions !

Exemple : Tu as aimé ta journée au collège ? → Non, je n'ai pas aimé ma journée au collège !

1 Tu as discuté avec tes copains ? → .... !

2 Tu as continué ta recherche ? → .... !

3 Tu as regardé *un* film ? → .... !

4 Tu as joué au volley ? → .... !

5 Tu as mangé à la cantine ? → .... !

6 Tu as ramené *des* bonnes notes ? → .... !

1 **Réécris les phrases dans l'ordre !**

📖 *Livre page 72*

Enfin, j'ai partagé mes informations avec Hugo pour faire l'exposé. / D'abord, j'ai écouté un CD sur l'histoire de la Révolution française. / Ensuite, j'ai exploré Internet pour trouver des images. / Après, pour mieux comprendre le CD, j'ai regardé une vidéo sur le 14 juillet. /

1 ....

2 ....

3 ....

4 ....

2 **Associe !**

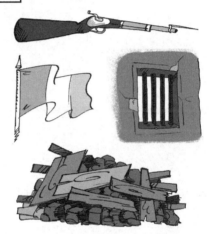

le drapeau

la prison

l'arme

la barricade

la déclaration

l'hymne national

la devise

la fête nationale

la Marseillaise

Droits de l'homme

le 14 juillet

Liberté. Égalité. Fraternité

3 **Le passé composé → Fais des phrases avec les mots suivants !**

~~attaquer~~ – chercher – chanter – fêter
– changer – proclamer – trouver

armes – déclaration des Droits de l'homme – devise – fête nationale – drapeau – hymne national – ~~prison de la Bastille~~

Exemple : On a attaqué la prison de la Bastille.

1 ....

2 ....

3 ....

4 ....

5 ....

6 ....

4 **Lis et souligne l'intrus !**

1 barricade – insurrection – révolution – récréation –

2 14 juillet – fête – soldes – feu d'artifice –

3 liberté – amitié – égalité – fraternité –

4 monarchie – pharmacie – aristocratie – privilèges –

Mes recherches sur Internet

1 Lis le document et souligne les huit erreurs ! Puis numérote-les dans le texte et corrige-les !

📖 *Livre page 73*

En 1789, beaucoup de gens en France se sont révoltés contre les privilèges de la République. Après la prise du palais des Tuileries, le 14 juillet, la Révolution française a gagné toute la France et beaucoup de choses ont changé :
– on a donné de nouvelles couleurs au drapeau français : le blanc pour la ville de Paris, le bleu et le rouge pour la monarchie.
– on a proclamé une nouvelle devise : « Liberté. Égalité. Diversité. »
– on a chanté un nouvel hymne national, la « Marianne ».
Un peintre romantique, Auguste Renoir, a représenté une femme sur une barricade. C'est le symbole de la liberté et de la révolution. On peut voir ce tableau au Centre Pompidou.

1 ....

2 ....

3 ....

4 ....

5 ....

6 ....

7 ....

8 ....

2 L'écriture des sons [ɛ] et [e] → Souligne les graphies du [ɛ] et entoure les graphies du [e] ! Puis complète la grille !

À la bibliothèque, j'ai fait des recherches sur Marianne, le symbole de la liberté : elle porte un bonnet rouge sur la tête. J'ai travaillé seize heures sur ce dossier avant Noël : c'est assez !

[ɛ]		[e]

Quelles sont ici les graphies du son [ɛ] ? → ai / .... / .... / .... / .... / .... / ....

Quelles sont ici les graphies du son [e] ? → é / .... / .... / ....

3 Complète avec les bonnes graphies des sons [ɛ] et [e] ! Puis lis les phrases à voix haute !

1 En 1789, le peuple *franç.....s* est contre les *privil.....ges* : il est *tr.....s fâch.......*.

2 Le peuple veut *attaqu.......* le *pal.....s*. Le roi et la *r.......ne* sont *ass.......* *inqui.......s* !

3 *L'insurr.......ction* a *commenc.......* : il y a *tr.......ze* morts et des *bless.......s*.

4 On chante la *Mars.......ll.......se*, le jour de la *f.......te* nationale, le 14 *juill.......*.

Mes recherches sur Internet

1 Recopie le début de la chanson que chante Gavroche sur la barricade !

Livre pages 74-75

....

....

2 Écris ton blog ! Coche les bonnes cases et complète !

Nom du blog :

....

Pseudo :

....

Date de création :

....

Dernière mise à jour :

....

Mes amis :

....

....

....

....

Mes blogs ou liens préférés :

....

....

....

....

....

Colle ici des photos ou des images qui représentent ou pourraient représenter le résultat de tes recherches sur Internet.

Tu peux aussi utiliser des images des fiches du guide pédagogique !

☐ Je ne fais jamais de recherches sur Internet.

☐ J'aimerais faire des recherches ou je fais (souvent) des recherches sur Internet sur

☐ la musique

☐ le cinéma

☐ le sport

☐ la mode

☐ la peinture

☐ l'histoire

☐ la géographie

☐ les sciences

☐ la nature

☐ les animaux

☐ ....

☐ ....

Voici un exemple de recherche :

....

Voici ce que j'ai trouvé ou ce que j'aimerais trouver :

....

....

....

....

....

....

[Ajouter un commentaire]   [... commentaires]

Posté le ...   Modifié le ...

61

Mes recherches sur Internet

Fais le point !

(Tu peux demander son aide à ton professeur !)

	☹	😐	☺
A2 Comprendre : Écouter			
Je peux comprendre l'expression d'une accusation. (*C'est toi / lui / elle ! C'est ta / sa faute !* etc.)			
Je peux comprendre l'expression d'une déception. (*Zut !*)			
Je peux comprendre une mise en garde. (*Fais attention !*)			
A2 Comprendre : Lire			
Je peux lire et comprendre l'expression d'une accusation.			
Je peux lire et comprendre l'expression d'une déception.			
Je peux lire et comprendre une mise en garde.			
Je peux lire et comprendre un texte informatif ou un exposé assez simples sur l'histoire de France (la Révolution française).			
A2 Parler : Prendre part à une conversation			
Je peux interroger quelqu'un sur ce qui va ou sur ce qui ne va pas. (*Qu'est-ce qui ne va pas ? Qu'est-ce qui se passe ?*)			
Je peux accuser quelqu'un. (*C'est ta faute !*)			
Je peux rejeter une accusation. (*Non, ce n'est pas ma faute ! Je n'ai rien fait !*)			
Je peux mettre en garde. (*Fais attention !*)			
Je peux exprimer ma déception. (*Zut !*)			
A2 Parler : S'exprimer en continu			
Je peux parler en termes simples de ce que j'ai fait (activités, recherches d'informations, etc.).			
A2 Écrire			
Je peux écrire un petit exposé relatant le résultat de mes recherches.			
Je peux écrire une lettre personnelle courte et simple relatant ce que j'ai fait (activités, etc.).			
A2 Compétences culturelles			
J'ai des informations sur la Révolution française et les changements qu'elle a apportés.			
Je sais ce que représente Marianne et je connais un tableau où elle est représentée.			
Je connais le nom de sites francophones sur lesquels je peux aller chercher des informations.			
Je peux aussi...			

Teste-toi !

▪ Complète ! 12 points

Dans les « Misérables », Marius et ses .... ont .... à construire une

.... C'est pendant l'.................................. de 1832 contre le .... Louis-Philippe.

En 1792, trois années après la .... de 1789, on a proclamé la première

.... Mais en 1814, on a rétabli la .... En 1830, beaucoup

de gens sont encore contre les .... de l'.................................. . Mais ce 5 juin 1832,

les soldats sont .... Marius et ses amis vont mourir : c'est .... !

▪ Tu connais ces noms en français ? Écris les noms avec *un* ou *une* ! 6 points

▪ Tu connais ces adjectifs en français ? 6 points

▪ Tu connais ces verbes en français ? 6 points

Évalue ton travail !

Super !   Pas mal !   À revoir !

Ton score : ... / 30

Des endroits bizarres…

Livre pages 80-81

1 **Regarde l'exemple ! Puis réponds aux questions de l'inspecteur !**

Exemple : Quelqu'un a téléphoné ? → Non, **personne n'**a téléphoné.

quelque chose ≠ ne … rien

quelqu'un ≠ personne ne …

1 Quelqu'un a appelé ? → ....

2 Quelqu'un vous a parlé ? → ....

3 Quelqu'un vous a menacée ? → ....

4 Il manque quelque chose ? → ....

5 Quelqu'un habite au-dessus de chez vous ? → ....

6 Vous cachez quelque chose ? → ....

2 **Complète avec *depuis* ou *il y a* !**

1 J'ai enfin acheté un ordinateur .... trois mois.

2 .... trois mois, je surfe sur Internet.

3 J'ai commencé .... un mois une recherche sur les endroits bizarres de Paris.

4 J'ai trouvé des informations sur les catacombes .... trois semaines.

5 J'ai envie de les visiter .... trois semaines, mais j'ai un peu peur…

6 .... trois jours un ami m'a dit : « Tu veux voir les catacombes ? Je viens avec toi ! »

7 Alors nous avons visité les catacombes .... deux jours.

8 .... deux jours, je ne dors plus !

3 **Le passé composé → Complète avec le participe passé !**

1 J'ai (lire) .... beaucoup d'histoires de fantômes.

2 Alors, j'ai toujours (vouloir) .... visiter le parc d'attraction du *Château hanté*.

3 Hier, j'ai (pouvoir) .... y aller avec mon oncle et ma tante.

4 Mais nous avons (devoir) .... attendre deux heures sous la pluie avant d'entrer.

5 Nous n'avons rien (voir) ....

6 Ça ne m'a pas (plaire) .... du tout !

1 **Prépare la grille pour ton voisin ou ta voisine en complétant les phrases !** 📖 *Livre page 82*

> bizarre – dangereux – dégoûtant – effrayant – horrible – idiot – méchant – nul – etc.
>
> calme – cool – fantastique – fascinant – génial – gentil – merveilleux – super – sympathique – etc.

				Vrai	Faux
Le	*ski*	est un sport	*dangereux.*	☐	☐
Le (l', la)	....	est un animal	....	☐	☐
Le (l')	....	est une couleur	....	☐	☐
Le	....	est un jour de la semaine	....	☐	☐
Le (l', la, les)	....	est (sont) une matière	....	☐	☐
Le (l', la, les)	....	est (sont) un endroit	....	☐	☐
Le (l', la)	....	est un sentiment	....	☐	☐
....		est un passe-temps	....	☐	☐
....		est un personnage	....	☐	☐

2 **Le passé composé → Regarde l'exemple et complète les phrases !**

Exemple : Hier *j'ai compris*, mais aujourd'hui je ne comprends pas !

1 Hier .... , mais aujourd'hui je n'attends pas !

2 Hier .... le métro, mais aujourd'hui je prends un taxi !

3 Hier .... quelque chose, mais aujourd'hui je n'entends rien !

4 Hier .... un tee-shirt, mais aujourd'hui je mets un pull !

5 Hier .... mon portable, mais aujourd'hui je ne perds pas mes affaires !

6 Hier .... quelque chose, mais aujourd'hui je n'apprends rien !

3 **Va interviewer tes camarades !**

Dans ta ville, ton village, ton quartier...

Prénoms	Quel est l'endroit que tu préfères ?	Quel est l'endroit que tu détestes ?	Tu connais un endroit bizarre ? Lequel ?
....	....	....	....
....	....	....	....
....	....	....	....
....	....	....	....

> la bibliothèque – les catacombes – le centre commercial – le château – le cimetière – le cinéma – le cirque –
> le collège – les égouts – la fête foraine – la gare – l'hôpital – la mairie – la maison des jeunes – le marché –
> le musée – le parc – le stade – le supermarché – le théâtre – le zoo – etc.

Quels sont les résultats du sondage ? ....

Des endroits bizarres...

1 Lis et entoure les formes correctes !

Livre page 83

Un jour, j'ai **découvré / découvert** une **petite maison / maison petite** dans la forêt. D'abord, je n'ai pas **réussi / réussit** à trouver la porte : elle était **caché / cachée** derrière des plantes. Mais j'ai **fini / finis** par la trouver. J'ai **ouvert / ouvrit** la porte et j'ai **sentu / senti** quelqu'un derrière moi ! J'ai **été / eu** peur. Mais c'était un **gentil / gentille** gobelin : il m'a **offris / offert** un lit. Alors, j'ai **dormé / dormi** dans sa maison dans la forêt !

2 Complète avec [y] <u> et [u] <ou> ! Puis lis le texte à voix haute !

Auj........rd'h.......i, beauc........p de t........ristes ont v........lu aller s........r la t........r Eiffel, mais il y avait des n........ages et de la pl........ie. Alors, ils ont tr........vé comment s'am........ser : ils ont c........ru dans les ég........ts après des tort........es et des l........ps-gar........s !

3 Choisis trois personnages et présente-les selon le modèle !

~~Louis XIV~~ – Anne d'Autriche – Constance – Dracula – Milady – Jean Valjean – Claude Monet

~~roi de France~~ – reine de France – femme de chambre – vampire – agent secret – forçat – peintre

Louis XIV : Il a été roi de France. Il a aimé le théâtre et la musique. Il a eu beaucoup d'aventures.

1 ....
2 ....
3 ....

4 Écris et envoie un message à un(e) correspondant(e) !

De :
À :

Bonjour !

Dans ma ville, mon village, mon quartier, j'ai découvert un endroit fantastique.

C'est le / l' / la (Ce sont les) ....

☐ C'est un endroit de rêve,   ☐ C'est un endroit de cauchemar,

parce que ....

J'y vais ☐ toujours   ☐ seul(e)

☐ souvent   ☐ avec mes ami(e)s

☐ quelquefois   ☐ avec mes parents

pour ....

Et toi, tu as aussi découvert un endroit fantastique?

Au revoir !

1 Selon toi, Thénardier a reconnu Jean Valjean dans les égouts ? Oui ? Non ?
Pourquoi ?

Livre pages 84-85

....

....

2 Écris ton blog ! Coche les bonnes cases et complète !

Nom du blog :

....

Pseudo :

....

Date de création :

....

Dernière mise à jour :

....

Mes amis :

....

....

....

Mes blogs ou liens préférés :

....

....

....

....

....

Colle ici des photos, images
ou dessins d'endroits
qui sont pour toi bizarres
ou fantastiques.

Tu peux aussi utiliser
les images de la fiche 14
du guide pédagogique !

Voilà pour moi des endroits bizarres
ou fantastiques :

☐ un cirque

☐ un musée

☐ une forêt la nuit

☐ une fête foraine

☐ un château hanté

☐ un vieux théâtre

☐ un parc

☐ des égouts

☐ un cimetière

☐ des catacombes

☐ ....

☐ ....

☐ Ces endroits sont idiots, effrayants
ou dangereux.

☐ Ces endroits sont fascinants.

Dans ces endroits, j'aurais envie

☐ de me promener

☐ d'écouter de la musique

☐ de lire

☐ de dormir

☐ de rêver

☐ de ....

pour ....

.... !

[Ajouter un commentaire]   [... commentaires]

Posté le ...   Modifié le ...

	☹	😐	☺
A2 Comprendre : Écouter			
Je peux comprendre l'expression d'une surprise. (*Tiens, tiens !*)			
Je peux comprendre l'expression d'une désapprobation. (*C'est malin !*)			
Je peux comprendre l'expression d'une angoisse. (*C'est un vrai cauchemar !*)			
Je peux comprendre l'expression d'une déception. (*Quel dommage !*)			
Je peux comprendre la description simple d'endroits insolites.			
A2 Comprendre : Lire			
Je peux lire et comprendre l'expression d'une surprise ou d'une désapprobation.			
Je peux lire et comprendre l'expression d'une angoisse ou d'une déception.			
Je peux lire et comprendre la description simple d'endroits insolites.			
A2 Parler : Prendre part à une conversation			
Je peux exprimer la surprise. (*Tiens, tiens !*)			
Je peux exprimer une désapprobation. (*C'est malin !*)			
Je peux exprimer une angoisse. (*C'est un vrai cauchemar !*)			
Je peux exprimer une déception. (*Quel dommage !*)			
Je peux exprimer la durée d'une action avec *depuis*.			
Je peux exprimer un moment du passé avec *il y a*.			
A2 Parler : S'exprimer en continu			
Je peux comparer.			
Je peux donner mon opinion.			
Je peux décrire un endroit insolite.			
Je peux présenter simplement un personnage historique ou littéraire.			
Je peux parler en termes simples de ce que j'ai fait (activités, découvertes, etc.).			
A2 Écrire			
Je peux décrire un endroit insolite.			
Je peux présenter simplement un personnage historique ou littéraire.			
Je peux écrire une lettre personnelle courte et simple relatant ce que j'ai fait (activités, découvertes, etc.).			
A2 Compétences culturelles			
Je connais le nom d'endroits insolites à Paris.			
Je connais le nom de quelques personnages de l'histoire ou de la littérature francophone.			
Je peux aussi...			

■ Écris le contraire ! `6 points`

1 quelque chose	≠	**4** encore quelqu'un ≠ ....
2 quelqu'un	≠	**5** déjà ≠ ....
3 encore quelque chose ≠		**6** souvent ≠ ....

■ Cite sept adjectifs « positifs » et sept adjectifs « négatifs » ! `14 points`

Adjectifs « positifs »

1 *merveilleux*
2 ....
3 ....
4 ....
5 ....
6 ....
7 ....

Adjectifs « négatifs »

1 ....
2 ....
3 ....
4 ....
5 ....
6 ....
7 ....

■ Tu connais ces noms en français ? Écris les noms avec *un*, *une* ou *des* ! `10 points`

....

....

....

....

Évalue ton travail !

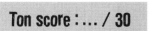

Super !   Pas mal !   À revoir !

Ton score : ... / 30

« Jean Valjean et Javert »

d'après « Les Misérables » de Victor Hugo

(Cette pièce de théâtre peut éventuellement être présentée à la suite des « Thénardier », page 42.)

Scène 1 : Javert, Jean Valjean jeune, boulanger, policier, passants.

Dans une rue. À gauche, Javert, très droit, regarde le public. À droite, un écriteau indique « Boulangerie ». Quelques passants.

JAVERT (s'adresse au public) : Revenons trente-six ans en arrière. Il y a trente-six ans, j'avais 20 ans. J'étais un jeune policier. Jean Valjean avait 27 ans. Il travaillait dans une ferme. Mais un jour, il a perdu son travail.

JEAN VALJEAN : Je n'ai plus d'argent, je n'ai plus rien à manger. Je dois rapporter du pain à ma famille.

Jean Valjean entre dans la boulangerie et en ressort en courant avec un pain. Le boulanger sort de sa boutique en hurlant.

BOULANGER : Au voleur ! Arrêtez-le ! Il a volé tout mon pain, il a volé toute ma boutique !

Javert est rejoint par un autre policier ; ils se précipitent sur Jean Valjean et l'arrêtent.

UN PASSANT : Il doit aller au bagne !

UN AUTRE PASSANT : Mais il a volé un pain, c'est tout !

PLUSIEURS PASSANTS : Au bagne ! Au bagne !

Les deux policiers emmènent Jean Valjean.

Scène 2 : Jean Valjean, M. Myriel, servante.

Chez M. Myriel. Jean Valjean, M. Myriel et sa servante sont attablés. Jean Valjean mange avidement (de la soupe avec du pain) sous le regard de ses hôtes. Sur la table, deux chandeliers. Posé sous la table, « le sac de soldat » de Jean Valjean.

JEAN VALJEAN (tout en mangeant) : Je m'appelle Jean Valjean. Je suis un forçat. J'ai 46 ans et... 19 ans de bagne. Je suis libéré depuis quatre jours.

M. MYRIEL : Vous pouvez dormir ici ! Vous êtes le bienvenu. Bonne nuit !

M. Myriel se lève de table et quitte la scène. La servante le suit en emportant un des chandeliers. Jean Valjean regarde les couverts et le chandelier : il est très nerveux.

JEAN VALJEAN : Les couverts d'argent... les chandeliers... Je dois partir !

Jean Valjean se saisit des couverts et les met dans son sac. Il regarde le chandelier, hésite, mais ne le prend pas. Il quitte la scène en courant.

Scène 3 : Jean Valjean, M. Myriel, servante, Javert, policier.

Chez M. Myriel. On entend frapper à la porte. M. Myriel va ouvrir, suivi de sa servante apeurée. Javert et un autre policier entrent avec Jean Valjean : il a l'air effrayé et honteux.

JAVERT (sec, brutal) : Bonjour ! Vous le connaissez ? Il a volé ces couverts d'argent !

M. MYRIEL (très souriant) : Mais ils sont à lui ! Et les chandeliers... il a oublié les chandeliers ! Mon ami, prenez-les ! *(Il va chercher les chandeliers et les donne à Jean Valjean. Puis il s'adresse aux policiers.)* Vous pouvez le laisser, oui vous pouvez partir !

Javert et l'autre policier s'en vont, furieux. Jean Valjean a l'air très surpris, incrédule.

M. MYRIEL : Employez cet argent à devenir un honnête homme ! C'est promis ? Bonne chance !

M. Myriel serre la main de Jean Valjean qui s'en va.

Scène 4 : « M. Madeleine », Fantine, la contremaître, Javert.

Dans l'infirmerie de l'entreprise de M. Madeleine. Pancarte « Établissements Madeleine : Infirmerie ». Une jeune femme très malade est dans un lit. La contremaître et « M. Madeleine » sont à son chevet.

LA CONTREMAÎTRE : Elle vient d'arriver : elle est très malade. Elle s'appelle Fantine.

FANTINE (suppliante) : Aidez-moi ! Je vais mourir : je veux revoir Cosette, ma fille ! Elle est chez les Thénardier. Allez la chercher ! Ramenez-la, je vous en prie !

Javert entre tout à coup. Fantine est terrifiée.

FANTINE : Ah ! Au secours !

« M. MADELEINE » : Ce n'est pas pour vous qu'il vient. Il m'a enfin retrouvé !

LA CONTREMAÎTRE : Monsieur Madeleine !

JAVERT (terrible) : Il n'y a pas de « monsieur Madeleine » ! Il y a un voleur, il y a un forçat, il y a Jean Valjean ! Je vous arrête !

Javert arrête et emmène Jean Valjean qui se retourne, désespéré, et regarde Fantine : elle est morte. Il se dégage et s'enfuit.

Scène 5 : Javert, Gavroche, Enjolras, Marius, insurgés, soldats.

Près d'une barricade. À gauche, Javert est dans la même attitude qu'au début de la scène 1.

JAVERT (s'adresse au public) : Plus tard, j'ai retrouvé Jean Valjean : les Thénardier voulaient le rançonner, lui et sa fille Cosette. Tous des bandits ! Mais au moment où je pouvais l'arrêter, une fois de plus il m'a échappé.

Sur la barricade apparaissent Gavroche, Enjolras, Marius et d'autres insurgés. Gavroche agite un drapeau bleu, blanc, rouge. Javert se dirige vers la barricade.

GAVROCHE (ravi) : Vive la justice et la liberté ! Vive la République !

ENJOLRAS (désigne Javert) : Qu'est-ce qui se passe ? C'est qui ?

MARIUS : Je le connais : c'est un policier !

Enjolras et Marius se précipitent sur Javert et le ligotent sur une chaise. Tout à coup des soldats attaquent. Coups de feu, détonations, cris. Les lumières s'éteignent.

Scène 6 : Gavroche, Enjolras, insurgés, Jean Valjean, Javert.

Corps sans vie d'Enjolras, de Gavroche et des insurgés sur la barricade. Javert est toujours ligoté. Jean Valjean avance lentement vers lui. Il prend un couteau et… le libère en coupant ses liens.

JEAN VALJEAN : Tu peux partir. Dépêche-toi !

Javert, d'abord méfiant, puis très étonné, part en courant. Jean Valjean cherche Marius.

JEAN VALJEAN : Marius ? Où est Marius ? Il faut le sauver !

Scène 7 : Jean Valjean, Marius, Javert.

Dans une rue déserte. Jean Valjean traîne Marius blessé et à demi-évanoui. Il le dépose doucement par terre. Javert apparaît, ombre droite et terrible.

JEAN VALJEAN : J'ai pu sauver Marius ! J'ai rencontré Thénardier dans les égouts et maintenant je vois Javert : c'est un vrai cauchemar !

JAVERT : Bonjour, Jean Valjean !

JEAN VALJEAN : Vous m'arrêtez ?

JAVERT : Non, vous m'avez sauvé la vie : vous êtes libre !

Javert s'en va en laissant Jean Valjean, interloqué, au milieu de la rue. Il se penche sur Marius.

Jean Valjean : Enfin, me voilà libre ! Mais est-ce que Marius va vivre ? Et Cosette ? Ma chère Cosette ! Est-ce que je vais pouvoir lui dire mon secret ?

Suite et fin dans les BD des unités 11 et 12 !

On se prépare

Livre pages 88-89

1 **Lis, corrige et associe !**

1 une boîte d'eau → une boîte de thon

2 un paquet d'œufs → ....

3 une canette de bonbons → ....

4 un sachet de jus d'orange → ....

5 une douzaine de riz → ....

6 une brique de thon → ....

7 une bouteille de chocolat → ....

8 une tablette de pommes → ....

9 un kilo de coca → ....

2 **Complète la recette !**

| ajoutez | ~~chauffez~~ | disposez | empilez | faites cuire | garnissez | laissez | mettez | tournez |

1 Chauffez le beurre, l'eau, le sucre et le sel dans une casserole.

2 Quand le mélange bout, ... d'un coup toute la farine.

3 .... rapidement jusqu'à ce que la pâte se détache des bords de la casserole.

4 .... un peu refroidir. Ajoutez les œufs un par un et continuez à tourner rapidement.

5 .... la pâte dans une poche à douille de 1 cm de diamètre.

6 .... des petits choux sur une plaque à pâtisserie beurrée.

7 .... au four à 220 °C de 15 à 20 minutes. Laissez refroidir.

8 Incisez les choux avec un couteau et ....-les de crème.

9 .... tous les choux en pyramide sur un plat. Nappez-les de caramel.

3 **Écris les noms !**

une assiette

....

....

....

....

4 **Tu veux préparer pour tes amis une salade de riz au thon avec des œufs, des olives, de la salade et des tomates : écris ta liste de courses !**

100 grammes d'olives noires

....

....

....

1 | **Complète !**

📖 *Livre page 90*

Hier, c'était samedi. Je ne suis pas allé au collège. Je suis parti à 14 heures pour aller voir mon copain. J'ai pris le bus. J'ai voulu lui apporter un livre. Je suis entré dans une librairie et j'ai acheté « Les Misérables ». Ça m'a coûté 12 euros ! Je suis resté une heure dans la librairie pour lire des bandes dessinées. Je suis arrivé chez Enzo à 15 heures 30. On a regardé des films. Je suis retourné chez moi à 19 heures pour écrire mon blog.

Hier, c'était samedi. Je ne suis pas *allée* au collège. Je suis .... à 13 heures 30 pour aller voir ma copine. J'ai .... le métro. J'ai .... lui offrir un CD. Je suis .... dans un magasin de musique et j'ai .... le nouveau CD de Ziggy Starpop. J'ai payé 10 euros ! Je suis .... deux heures dans le magasin pour écouter de la musique. Je suis .... chez Jade à 16 heures. On a fait un gâteau. Je suis .... chez moi à 19 heures 30 pour regarder le jeu à la télé.

2 | **Les questions avec *est-ce que* et les phrases « clivées » → Regarde l'exemple et transforme les questions !**

Exemple : Qu'a regardé Alexia ? → Qu'est-ce qu'elle a regardé, Alexia ?

1 Où est allée Alexia ? → ....

2 Pourquoi Fred est parti ? → ....

3 Qu'a offert Alexia à sa copine ? → ....

4 Combien a coûté le livre ? → ....

5 Quand est retournée Alexia ? → ....

6 Qu'ont fait Fred et son copain ? → ....

3 | **Tu es allé(e) voir hier un copain, une copine ou quelqu'un de ta famille : regarde le modèle des dialogues et raconte ce que tu as fait !**

Hier, c'était .... J'ai (je suis) ....

....

....

....

On se prépare

Unité 11 — LEÇON 3

1 **Le passé composé des verbes pronominaux → Complète le texte de Max !**   📖 *Livre page 91*

Exemple : Nous étions invités au mariage de Cosette et de Marius ! Moi, je (se réveiller) *me suis réveillé* à 7 heures pour finir la « pièce montée ».

1 Théo (se lever) .... à 8 heures.

2 Léa et Agathe (se préparer) ....

3 Léa (se coiffer) .... avec des fleurs dans les cheveux !

4 Tout le monde (se dépêcher) .... pour arriver à l'heure.

5 Nous (se retrouver) .... à la mairie à 9 heures.

6 Ensuite, je (se promener) .... dans le jardin avec mes amis.

2 **Le préfixe *re-* → Fais des phrases à partir des verbes et des noms proposés !**

~~un exercice~~   un gâteau   une histoire   une maison   un morceau de musique   une photo   un portrait

Exemple : commencer → *J'ai envie de recommencer cet exercice.*

1 lire   → ....

2 voir   → ....

3 dessiner → ....

4 faire   → ....

5 jouer   → ....

6 visiter   → ....

3 **Complète avec *tout*, *toute*, *tous* ou *toutes* !**

1 Tu as fini .... les crêpes ?

2 Tu as mangé .... la tablette de chocolat ?

3 Tu as bu .... le jus d'orange ?

4 Tu as pris .... la confiture ?

5 Tu as donné .... les bonbons ?

6 Et tu as dépensé .... l'argent ?

Tu as tout fini ?

4 **L'écriture du son [j] → Souligne les graphies du [j] dans le texte et complète la grille !**

À mon réveil, hier, il y avait du soleil. J'ai essayé la recette de la pièce montée : elle était dans mon cahier ! J'ai apporté des assiettes, des cuillères et une bouteille d'eau. J'ai payé 10 euros.

i	il	ill	hi	y
....	....	....	....	....
....	....	....	....	....

On se prépare

1 Décris ce qu'il y a sur la table du banquet de noces de Cosette et de Marius, image 14 !

Livre pages 92-93

....

....

2 Écris ton blog ! Coche les bonnes cases et complète !

Nom du blog :

....

Pseudo :

....

Date de création :

....

Dernière mise à jour :

....

Mes amis :

....

....

....

Mes blogs ou liens préférés :

....

....

....

....

Colle ici des photos, images ou dessins de plats ou de desserts que tu aimes ou que tu aimerais préparer.

Tu peux aussi utiliser des images des fiches 4, 5 ou 17 du guide pédagogique !

☐ J'aime bien les bons plats, les pâtisseries et les desserts.

☐ Je n'aime pas faire la cuisine.

☐ Je vais apprendre à faire la cuisine.

☐ J'aime bien faire la cuisine.

Voici la recette d'un plat ou d'un dessert que j'adore ou que j'aimerais préparer :

☐ C'est une recette de mon pays.

☐ C'est une recette française.

☐ C'est une recette de

....

Ingrédients :

....

....

Recette :

....

....

....

....

....

....

....

Bon appétit !

[Ajouter un commentaire]   [... commentaires]

Posté le ...   Modifié le ...

	☹	☺	☺
A2 Comprendre : Écouter			
Je peux comprendre l'expression d'une quantité. (*Un paquet de farine. Un kilo de pommes, etc.*)			
Je peux comprendre l'expression de la surprise. (*C'est pas possible ! Alors là !*)			
Je peux comprendre l'expression d'un souhait. (*Bon appétit !*)			
Je peux comprendre quelqu'un raconter ce qu'il a fait.			
Je peux comprendre quelqu'un décrire une situation dans le passé.			
A2 Comprendre : Lire			
Je peux lire et comprendre l'expression d'une quantité.			
Je peux lire et comprendre l'expression de la surprise.			
Je peux lire et comprendre l'expression d'un souhait.			
Je peux lire et comprendre la description d'une situation dans le passé.			
Je peux lire et comprendre une recette de cuisine simple.			
A2 Parler : Prendre part à une conversation			
Je peux exprimer une quantité. (*Un paquet de farine. Un kilo de pommes, etc.*)			
Je peux exprimer la surprise. (*C'est pas possible ! Alors là !*)			
Je peux exprimer un souhait. (*Bon appétit !*)			
A2 Parler : S'exprimer en continu			
Je peux parler en termes simples de ce que j'ai fait.			
Je peux décrire une situation dans le passé.			
A2 Écrire			
Je peux écrire une liste de courses.			
Je peux écrire une lettre personnelle courte et simple relatant ce que j'ai fait.			
Je peux décrire une situation dans le passé.			
A2 Compétences culturelles			
Je connais le nom de pâtisseries et de desserts célèbres en France.			
Je connais la recette d'un plat ou d'un dessert.			
Je peux aussi...			

Teste-toi !

Tu connais ces noms en français ? Écris les noms avec *un, une, du, de l'* ou *de la* ! **21 points**

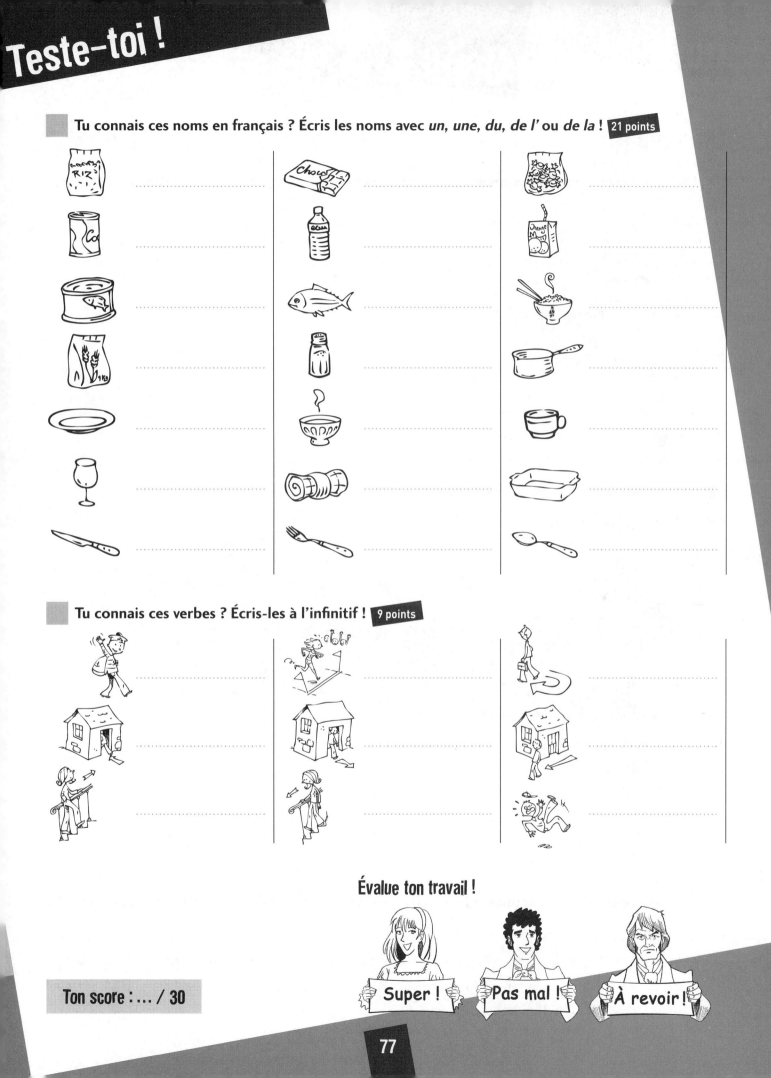

Tu connais ces verbes ? Écris-les à l'infinitif ! **9 points**

Évalue ton travail !

Super !   Pas mal !   À revoir !

On a fini !

📖 *Livre pages 96-97*

1 **Donne ton avis : regarde l'exemple et écris six phrases ! Puis compare avec ton voisin ou ta voisine !**

l'animal – le sport – le passe-temps – le paysage – le personnage – le sentiment – etc.	beau – bizarre – dangereux – dégoûtant – effrayant – fantastique – fascinant – intelligent – violent – etc.	l'amour – la chauve-souris – la confiance – le désert – l'éléphant – faire la cuisine – jouer à l'ordinateur – le judo – le loup-garou – la momie – la montagne – le rat – le rugby – le vampire – etc.

Exemple : *Je pense que l'animal **le plus** intelligent c'est le rat !*

1 ....

2 ....

3 ....

4 ....

5 ....

6 ....

2 *Si... + c'est pour* → **Regarde l'exemple et complète les phrases !**

Exemple : **Si** je vais à la piscine, **c'est pour** m'entraîner avec mes copains !

1 Si je vais à la fête foraine, *c'est pour* ....

2 Si j'achète du riz, du thon et des olives, *c'est pour* ....

3 Si je visite les catacombes, *c'est* ....

4 Si je fais du jogging dans le parc, ...

5 Si je vais au cinéma, ...

6 Si je surfe sur Internet, ...

3 **Le e prononcé ou non prononcé** → **Lis le texte à haute voix et barre les <e> que tu ne prononces pas !**

Léa, Max, Théo et Agathe ont fini le film. Ils vont le mettre sur Internet. Ils regardent les scènes : l'arrivée de Jean Valjean à Digne ; la mort de Fantine ; Cosette dans la forêt hantée ; le guet-apens ; l'éléphant de Gavroche sur la place de la Bastille ; la scène sur la barricade ; la scène dans les égouts... Ils ont bien travaillé : ils ont réalisé le film le plus génial !

1 **Écris ce que tu penses des personnages des « Misérables » et pourquoi !**

📖 *Livre page 98*

> agressif – beau – bizarre – calme – courageux – dangereux – désespéré – effrayant – fascinant – fantastique – généreux – gentil – heureux – horrible – hypocrite – idiot – intelligent – intéressant – malheureux – méchant – merveilleux – peureux – romantique – sympathique – têtu – timide – triste – violent

Exemple : M. Myriel → *C'est un personnage gentil ; c'est le plus généreux, parce qu'il a aidé Jean Valjean : il lui a offert ses couverts et ses chandeliers.*

Jean Valjean / M. Madeleine → *C'est un personnage* ....

....

Cosette petite fille → ....

....

Le père Thénardier → ....

....

La mère Thénardier → ....

....

La mère de Cosette → ....

....

Cosette jeune fille → ....

....

Marius → ....

....

Enjolras → ....

....

Gavroche → ....

....

Javert → ....

....

2 **Va interviewer tes camarades !**

Prénoms	Quel est le personnage que tu préfères ?	Quel est le personnage que tu n'aimes pas ou que tu détestes ?
....	....	....
....	....	....
....	....	....
....	....	....

Quels sont les résultats du sondage ? ....

On a fini !

Écris et envoie un message à un(e) correspondant(e) !

📖 *Livre page 99*

De :
À :

...., le ....

Bonjour !

Je m'appelle .... J'ai .... ans.

Je parle ☐ un peu ☐ bien ☐ très bien ☐ pas très bien le français.

Je viens de .... J'habite à ....

J'habite ☐ à la ville ☐ à la campagne ☐ à la montagne ☐ au bord de la mer.

Pour moi, la nature, les animaux, la biodiversité c'est ....

Je suis sympathique, ... et ....

☐ J'ai un(e) ami(e). ☐ J'ai beaucoup d'ami(e)s. Avec lui (elle, eux, elles) je discute de .... et je ....

Avoir des amis, c'est super !

Ma matière préférée au collège c'est (ce sont) ....

Dans mon collège ☐ il n'y a pas de problèmes.

☐ il y a des problèmes de ....

J'aime bien sortir. J'ai souvent envie d'aller au (à l', à la) ....

et aussi au (à l', à la) .... C'est .... !

J'aime aussi .... C'est un endroit fantastique !

☐ Je n'ai pas d'argent de poche. ☐ J'ai de l'argent de poche. Avec cet argent, j'aimerais ....
....

Voici mes passe-temps préférés :

....

Je surfe sur Internet et je fais des recherches sur ....

Voici ☐ une chanson ☐ un poème ☐ une recette de mon pays !

....
....
....

Au revoir ! ....

On a fini !

1 **Quel est le secret de Monsieur Madeleine ?**

Livre pages 100-101

....

....

2 **Écris ton blog ! Coche les bonnes cases et complète !**

Nom du blog :

....

Pseudo :

....

Date de création :

....

Dernière mise à jour :

....

Mes amis :

....

....

....

....

Mes blogs ou liens préférés :

....

....

....

....

....

Colle ici des photocopies
ou des dessins des scènes
des « Misérables »
que tu as aimées.

Tu peux aussi coller
le portrait de personnages
ou de l'auteur de ce roman !
(Voir la fiche 18 du guide
pédagogique.)

☐ J'ai bien aimé l'histoire
des « Misérables ».

☐ Je n'ai pas aimé l'histoire
des « Misérables ».

☐ Je trouve cette histoire

....

et ....

☐ J'ai envie de lire ce roman ou des extraits
de ce roman dans ma langue maternelle.
L'auteur de ce roman s'appelle

....

Sur Internet ou dans une encyclopédie, j'ai
trouvé le nom d'autres romans célèbres de
cet auteur :

....

Je connais d'autres noms de romans de la
littérature française (et de leur auteur) :

....

....

....

....

Au revoir et bonne chance !

[Ajouter un commentaire]   [... commentaires]

Posté le ...   Modifié le ...

On a fini !

	☹	😐	🙂

A2 Comprendre : Écouter

Je peux comprendre l'expression d'un point de vue. (*Je crois que tu as tort. Je pense que non, etc.*)			
Je peux comprendre l'expression d'une hypothèse. (*S'il fait beau demain, on va à la piscine.*)			
Je peux comprendre l'expression d'un désaccord total. (*Non, pas du tout !*)			
Je peux comprendre quelqu'un annoncer la fin de quelque chose. (*Ça y est ! C'est fini !*)			
Je peux comprendre quelqu'un adresser un souhait et prendre congé. (*Bonne chance ! À bientôt !*)			

A2 Comprendre : Lire

Je peux lire et comprendre l'expression d'un point de vue.			
Je peux lire et comprendre l'expression d'une hypothèse.			
Je peux lire et comprendre l'expression d'un désaccord total.			
Je peux lire et comprendre l'annonce de la fin de quelque chose.			
Je peux lire et comprendre un sondage.			

A2 Parler : Prendre part à une conversation

Je peux exprimer un point de vue. (*Je crois que tu as tort. Je pense que non, etc.*)			
Je peux exprimer un désaccord total. (*Non, pas du tout !*)			
Je peux exprimer un souhait. (*Bonne chance !*)			
Je peux prendre congé. (*À bientôt !*)			

A2 Parler : S'exprimer en continu

Je peux dire simplement ce que je pense d'une œuvre littéraire et de ses personnages et expliquer pourquoi.			
Je peux participer à un sondage et donner les raisons de mes choix.			

A2 Écrire

Je peux écrire simplement ce que je pense d'une œuvre littéraire et de ses personnages et expliquer pourquoi.			
Je peux écrire une lettre personnelle simple, me présentant et présentant mes goûts, mes souhaits et mes passe-temps.			

A2 Compétences culturelles

Je peux citer le nom de plusieurs romans de la littérature française, de leurs personnages et de leur auteur.			

Je peux aussi...			

Réponds aux questions ! (**30 points** : 2 points par bonne réponse !)

1 Comment s'appelle la ville où Jean Valjean arrive, au début de l'histoire ? ....

2 Quel âge a Jean Valjean au début de l'histoire ? .... Quel âge a-t-il à la fin ? ....

3 Comment s'appelle l'enfant à qui Jean Valjean vole une pièce de monnaie ? ....

4 Comment s'appelle la mère de Cosette ? ....

5 Quel âge a Cosette au début de l'histoire ? .... Quel âge a-t-elle à la fin ? ....

6 Où habitent les Thénardier au début de l'histoire ? ....

7 Quel âge a Marius ? .... Où est-ce qu'il travaille ? ....

8 Comment s'appellent les trois amis de Marius ? ....

9 Où est-ce que Marius rencontre Cosette pour la première fois ? ....

10 Quelle est l'adresse de Marius à Paris ? ....

11 Quel âge a Gavroche ? .... Où est-ce qu'il habite ? ....

12 Quelle est la date de la mort de Gavroche ? ....

13 Qui sauve Marius ? ....

14 Que deviennent les trois amis de Marius ? ....

15 Comment s'appelle l'auteur du roman « Les Misérables ? » ....

Évalue ton travail !

Super !   Pas mal !   À revoir !

Ton score : ... / 30

Le jeu de l'oie des sorties insolites

Règle du jeu : Prévoir un pion par joueur et un dé par équipe.

Départ : Les joueurs doivent faire un 6 pour partir ! Puis chaque joueur lance le dé et avance son pion d'autant de cases qu'il a obtenu de points. En arrivant sur une case « lieu de sortie », il doit dire – sous le contrôle des autres joueurs :

a) dans quel lieu il est allé (au passé composé) : *Je suis allé(e) à la bibliothèque !*

b) ce qu'il a fait : *J'ai lu un roman français !* Sinon, il n'avance pas !

Départ

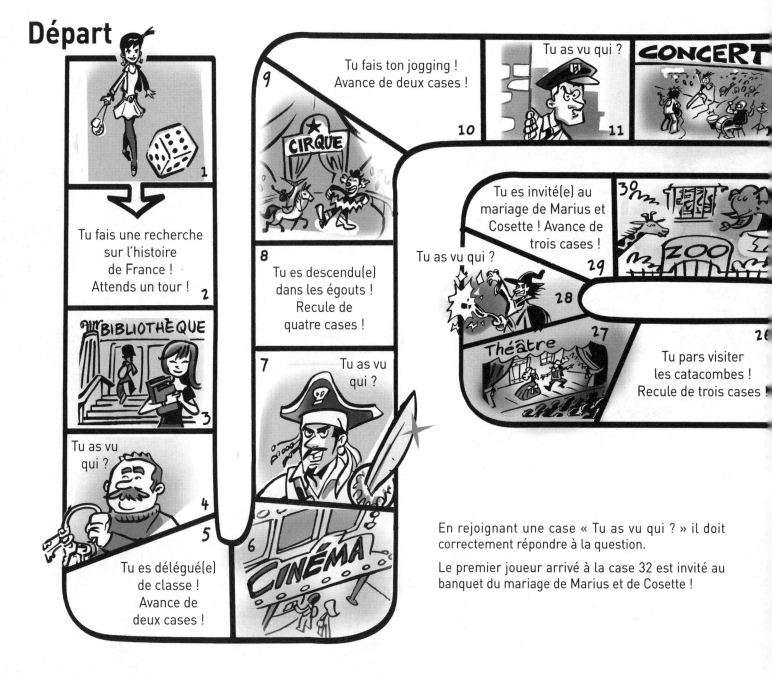

En rejoignant une case « Tu as vu qui ? » il doit correctement répondre à la question.

Le premier joueur arrivé à la case 32 est invité au banquet du mariage de Marius et de Cosette !

Ma recherche

Fais une recherche sur des recettes de cuisine françaises !

Voici, par exemple, la recette des crêpes !
Pour 24 crêpes : 250 grammes de farine, 3 œufs, un demi-litre de lait, de l'huile, une pincée de sel.

1 Mets la farine dans une terrine et fais un trou (un puits) au centre.

2 Ajoute les œufs et mélange avec l'huile, le sel et le lait.

3 Fais chauffer un peu d'huile dans une poêle.

4 Verse une petite louche de pâte.

5 Retourne dès que la crêpe est dorée et fais cuire le deuxième côté.

6 Mange les crêpes encore chaudes avec de la confiture ou du sucre. Bon appétit !

Trouve d'autres recettes, comme celle de la *mousse au chocolat*, par exemple ! Miam !

Unité 2 — Page 13

■ Complète le dialogue ! `9 points`

– Bonjour ! *Combien* coûtent les lunettes ?

– Elles *coûtent* 25 euros. C'est *bon marché* !

– Non, c'est trop *cher* !

– Vous *les* prenez ?

– Non, je ne veux pas les *acheter* (prendre).

– Et ces lunettes à 10 euros ? C'est une *promotion* ! *Prenez-les* ! (*Achetez-les* !)

– D'accord !

Unité 3 — Page 21

■ Explique ! `9 points`

1 = Elle ne dort pas assez, elle travaille trop.

2 = Il est triste, il n'est pas heureux.

3 = Elle comprend vite.

4 = Il ne travaille pas assez.

5 = Elle n'est pas courageuse.

6 = Il aime faire des cadeaux.

7 = Elle ne parle pas beaucoup.

8 = Il n'a peur de rien.

9 = Elle n'est pas méchante.

Unité 5 — Page 35

■ Tu sais poser les questions correspondantes ? `12 points`

1 *Pourquoi tu veux boire ?*

2 *Pourquoi tu rackettes tes camarades ?*

3 *Pourquoi tu lui confies tes secrets ?*

4 *Pourquoi tu t'en vas ?*

5 *C'est de la part de qui ?*

6 *On se voit aujourd'hui (lundi) ? (On se voit mercredi ?)*

■ Écris le contraire ! 9 points

1 grand   ≠ *petit*
2 calme   ≠ *nerveux, stressé*
3 hideux   ≠ *beau, joli*
4 maigre   ≠ *gros*
5 malheureux ≠ *heureux*
6 gentil   ≠ *méchant*
7 peureux ≠ *courageux*
8 idiot   ≠ *intelligent*
9 bon marché ≠ *cher*

■ Écris le féminin singulier ! 9 points

1 beau   → *belle*
2 marron → *marron*
3 bon   → *bonne*
4 têtu   → *têtue*
5 nouveau → *nouvelle*
6 blanc → *blanche*
7 gros   → *grosse*
8 généreux → *généreuse*
9 fort   → *forte*

Unité 6   Page 41

■ Coche les nombres corrects et corrige les autres ! 12 points

1 |20| vingt   ☑
2 |21| vingt-un   ☐ *vingt et un*
3 |42| quarante et deux ☐ *quarante-deux*
4 |80| quatre-vingts *(ans)* ☑
5 |85| quatre-vingts-cinq ☐ *quatre-vingt-cinq*
6 |100| cent   ☑
7 |200| deux cents ☑
8 |250| deux cents cinquante ☐ *deux cent cinquante*
9 |300| trois cent ☐ *trois cents*
10 |1000| mille   ☑
11 |2 000| deux milles ☐ *deux mille*
12 |300 000| trois cent mille ☑

Unité 8   Page 55

■ Écris le contraire ! 20 points

1 Je suis pour !   ≠ *Je suis contre !*
2 Je suis d'accord.   ≠ *Je ne suis pas d'accord.*
3 Ça me plaît.   ≠ *Ça ne me plaît pas.*
4 Tu as raison.   ≠ *Tu as tort.*
5 Ça m'intéresse.   ≠ *Ça ne m'intéresse pas.*
6 J'ai envie de sortir. ≠ *Je n'ai pas envie de sortir.*
7 Moi aussi.   ≠ *Pas moi. Moi non plus.*
8 Il est toujours en retard. ≠ *Il n'est jamais en retard.*
9 C'est une idée géniale ! ≠ *Ça n'est pas une idée géniale ! C'est une idée nulle !*
10 Tu ne sais rien ? ≠ *Tu sais quelque chose ?*

Unité 9 — Page 63

Complète ! 12 points

Dans les « Misérables », Marius et ses *amis* ont *commencé* à construire une *barricade*. C'est pendant l'*insurrection* de 1832 contre le *roi* Louis-Philippe. En 1792, trois années après la *révolution* de 1789, on a proclamé la première *république*. Mais en 1814, on a rétabli la *monarchie*. En 1830, beaucoup de gens sont encore contre les *privilèges* de l'*aristocratie*. Mais ce 5 juin 1832, les soldats sont *nombreux*. Marius et ses amis vont mourir : c'est *horrible* !

Unité 10 — Page 69

Écris le contraire ! 6 points

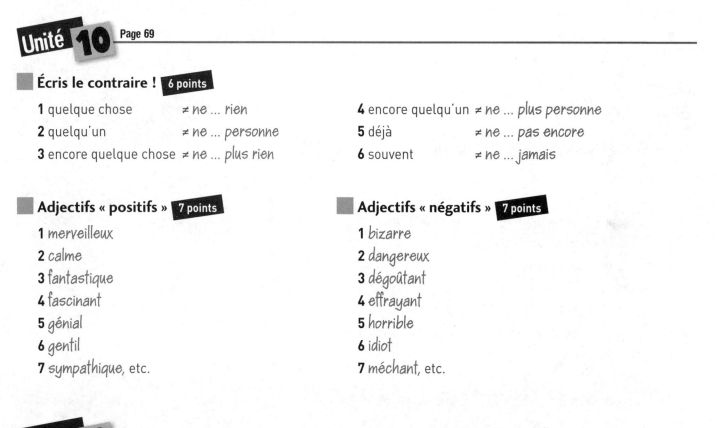

1 quelque chose	≠ *ne ... rien*	**4** encore quelqu'un	≠ *ne ... plus personne*
2 quelqu'un	≠ *ne ... personne*	**5** déjà	≠ *ne ... pas encore*
3 encore quelque chose	≠ *ne ... plus rien*	**6** souvent	≠ *ne ... jamais*

Adjectifs « positifs » 7 points

1 *merveilleux*
2 *calme*
3 *fantastique*
4 *fascinant*
5 *génial*
6 *gentil*
7 *sympathique,* etc.

Adjectifs « négatifs » 7 points

1 *bizarre*
2 *dangereux*
3 *dégoûtant*
4 *effrayant*
5 *horrible*
6 *idiot*
7 *méchant,* etc.

Unité 12 — Page 83

Réponds aux questions ! 30 points

1 : *Digne* **2** : *46 ans – 63 ans* **3** : *Petit-Gervais* **4** : *Fantine* **5** : *8 ans – 17 ans* **6** : *À Montfermeil, dans une auberge.* **7** : *20 ans – Dans une librairie.* **8** : *Combeferre, Courfeyrac, Enjolras.* **9** : *Au jardin du Luxembourg.* **10** : *52 boulevard de l'Hôpital.* **11** : *12 ans – Dans un « éléphant ».* **12** : *Le 5 juin 1832.* **13** : *Jean Valjean (et aussi Cosette qui le soigne).* **14** : *Ils meurent sur la barricade.* **15** : *Victor Hugo*

Édition : Virginie Poitrasson
Couverture : Didier Thirion/Graphir design
Maquette : Pierre Cavacuiti
Mise en page : Laure Gros
Illustrations : Thierry Beaudenon, Xavier Husson, Isabelle Rifaux

N° d'éditeur : 10198828 - Dépôt légal : octobre 2011
Achevé d'imprimer en Italie par Grafica Veneta - Juin 2013